中国学生成长速读书

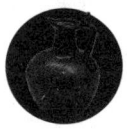 

总策划／邢涛　主编／龚勋

世界文化与自然遗产

汕頭大學出版社

世/界/文/化/与/自/然/遗/产
WORLD CULTURE & NATURE HERITAGE

FOREWORD

前言

古老的地球文明缔造了一个又一个自然造化的奇观，也孕育了一个又一个饱含着人类智慧与劳动结晶的历史奇迹。今天，那些自然与文化的瑰宝仍闪耀着璀璨的、夺人心魄的光芒，已成为全世界共同拥有的宝贵财富。为了保护与铭记这些自然与文明的奇迹，1972年，联合国教科文组织在法国巴黎通过了《保护世界文化与自然遗产公约》，将世界范围内被认为具有突出和普遍价值的文物古迹和自然景观列入《世界遗产名录》，以确保遗产的价值能永续地保存下去。

本书从联合国教科文组织的《世界遗产名录》中精选了全球数十处异彩纷呈的文化与自然遗产，每处均以精炼的文字从地理位置、历史背景、艺术价值、历史意义等方面加以说明与介绍，使读者了解更多全世界范围内具有突出意义和普遍价值的人类文化成就和自然景观。

全书按照大洲遗产数量的多少共分为欧洲、亚洲、北美洲和南美洲、非洲、大洋洲五个篇章。各洲内国家按地理位置由北而南的顺序排列；各国家内的遗产项目除按地理位置从北到南的顺序排列外，还以先文化遗产、后自然遗产的顺序详分，以突出遗产的不同类别，使读者能更加直接地获得想了解的知识内容。同时，全书所配图片均用精良的画质展现世界遗产的恢弘浩大、精美华丽和神奇梦幻，足以满足您的饕餮目光。

此外，每处遗产介绍还附有一幅遗产所在位置的地图，并且配有一个对遗产进行精炼概括的小知识表。精心编排的内容和版式设计会帮助您更加全面地接受信息。衷心希望本书能让您欣赏并深入了解世界遗产的精义，同时产生保护这些瑰宝的责任感。让这些珍贵的遗产在我们的手中世代相传！

目录 CONTENTS

Part 1 Europe
第一章 欧洲

人文荟萃的文明史迹使这片渗透着祖先呼吸，记录着历史足迹的古老土地充满了浪漫与骄傲。

圣彼得堡..................10

克里姆林宫和红场..........12

布吕根地区................14

爱丁堡....................16

伦敦塔....................18

威斯敏斯特宫和大教堂......20

坎特伯雷教区..............22

博因考古遗址群............24

斯凯利格·迈克岛..........26

古都吕贝克................28

波茨坦和柏林的宫苑........30

科隆大教堂................32

奎德林堡..................34

华沙历史地区..............36

金德代克风车群............38

布鲁塞尔大广场............40

亚眠大教堂................42

巴黎的塞纳河畔............44

凡尔赛宫及其园林..........46

圣米歇尔山及其海湾 48

沙特尔大教堂 50

枫丹白露宫 52

卡尔卡松历史古堡 54

布拉格历史地区 56

美泉宫和花园 58

萨尔斯堡 60

布达佩斯 62

伯尔尼老城 64

圣玛利亚修道院 66

Part 2 Asia
第二章 亚洲

在这块"东方日出的地方"集中了古中国、古印度、古巴比伦等文明古国，对世界文化的发展起着积极的推动作用。

万里长城 70

明清故宫 72

北京天坛 74

颐和园 76

明清皇陵 78

莫高窟 80

龙门石窟 82

布达拉宫和大昭寺 84

目录 CONTENTS

秦始皇陵 86

苏州园林 88

宏村、西递 90

丽江古城 92

黄山 94

九寨沟 96

黄龙 98

京都古迹 100

姬路城 102

伊斯坦布尔 104

Part 3 North America and South America
第三章 北美洲和南美洲

北美洲和南美洲，由北美、南美两个大陆及邻近岛屿组成，在这片4220万平方千米的土地上，分布着大量的世界文化与自然遗产。

魁北克古城 108

落基山脉国家公园群 110

沃特顿冰川国际和平公园 112

蒙蒂塞洛和弗吉尼亚大学 114

奥林匹克国家公园..................116

黄石国家公园..........................118

红杉国家公园..........................120

约塞米蒂国家公园..................122

大峡谷国家公园......................124

大沼泽地国家公园..................126

夏威夷火山公园......................128

伊瓜苏国家公园......................130

Part 4 Africa
第四章 非洲

非洲历史悠久,是人类文明的发祥地之一,其灿烂多姿的文化、丰富的自然资源,成为世界文明的宝贵遗产。

凯鲁万古城..............................134

杰姆的古罗马竞技场..............136

伊斯兰开罗..............................138

金字塔区..................................140

从阿布辛拜勒到菲莱..............142

坦桑尼亚国家公园..................144

Part 5 Oceania
第五章 大洋洲

大洋洲——大洋中的陆地,世界上最大的岛屿群,其独特的地理位置使其入选的世界遗产多以自然景观为主。

卡卡杜国家公园......................148

大堡礁......................................150

乌卢鲁国家公园......................152

弗雷泽岛..................................154

汤加里罗国家公园..................156

峡湾国家公园..........................158

WORLD CULTURE
& NATURE HERITAGE
世界文化与自然遗产

第一章
欧 洲

　　欧洲不仅拥有优美的自然风光，更是哲学与艺术的故乡。截至2003年年底，记录在册的世界文化遗产的数量共有582处，其中，欧洲拥有309处。这些文明的瑰宝分布在欧洲44个国家或地区。

　　欧洲的文化遗产渗透着祖先的呼吸，记录着历史的足迹。这里有迎接了无数钦敬目光的古希腊神庙、古罗马大竞技场，有承载了人类爱与信仰的神圣大教堂，有史前的巨石建筑与壁画，有一座座梦幻般的、见证了权力与奢华的宫殿……这些人文荟萃的文明史迹，使这片古老的土地充满了浪漫与骄傲。因此，想感受人类发展的纤毫律动，想追寻传承文明的坚实步伐，就必须看看欧洲。

>>

圣彼得堡
Historic Centre of Saint Petersburg
—— 俄罗斯的精神首都 ——

圣彼得堡是俄罗斯第二大城,也是世界名城,坐落在波罗的海芬兰湾东岸,涅瓦河河口。圣彼得堡大部分地区处于三角洲上,河流交错,海拔仅1.2～2米,而且整个城市的近百个岛屿由700多座桥梁连接起来。整个城市岛屿错落,河渠纵横,风光旖旎,素有"北方威尼斯"之称。城内有众多享有盛名的俄罗斯古典建筑,其中以位于涅瓦河左岸的夏宫及其花园,以及夏宫附近的冬宫最具代表性。自18世纪初,彼得一世在此建立彼得保罗要塞以来,圣彼得堡见证了俄罗斯的历史发展,留下了无数文化遗产,充分展现了俄罗斯黄金时期的文化特色,堪称"俄罗斯的精神首都"。

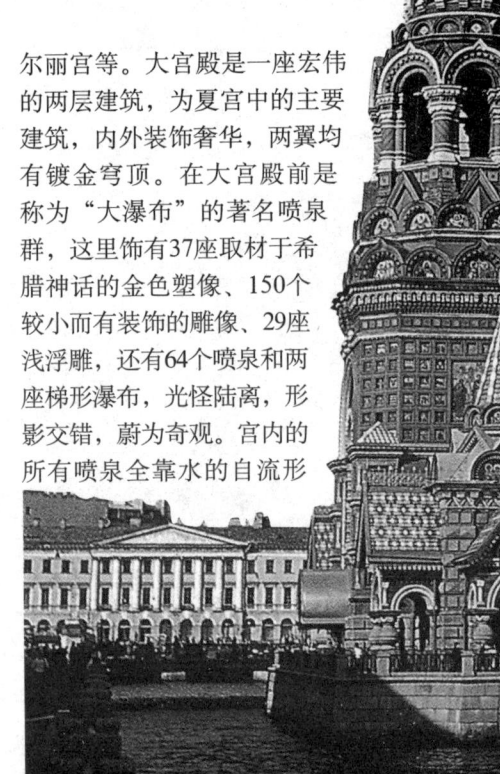

城市历史

1703年,为了促进俄罗斯的现代化,彼得大帝力排众议,在芬兰湾东岸建立了与莫斯科建筑风格迥然不同的新首都——圣彼得堡,成为帝俄时代的通海门户。1712年,俄罗斯首都正式从莫斯科迁到这里,并定都200余年。18世纪中叶,这里受到了女皇凯萨琳二世的青睐,她聘请法国、意大利及俄罗斯本国的建筑师,将圣彼得堡塑造成当时欧洲最美,也最富文化气息的城市之一。第一次世界大战期间,俄罗斯对德宣战,原为德国名字的圣彼得堡改名为俄名"彼得格勒";十月革命胜利后,俄罗斯首都迁回莫斯科,圣彼得堡再次更名为"列宁格勒";1991年苏联解体后,恢复旧称"圣彼得堡"。

夏宫

夏宫又称"彼得宫",曾是彼得大帝的皇宫,始建于1704年。它背倚丘陵,面对芬兰湾,以其豪华壮丽享有"俄罗斯的凡尔赛"之誉。宫殿占地10平方千米,包括一组华美的建筑物,尤以喷泉著称。全宫包括大宫殿、下花园、玛尔丽宫等。大宫殿是一座宏伟的两层建筑,为夏宫中的主要建筑,内外装饰奢华,两翼均有镀金穹顶。在大宫殿前是称为"大瀑布"的著名喷泉群,这里饰有37座取材于希腊神话的金色塑像、150个较小而有装饰的雕像、29座浅浮雕,还有64个喷泉和两座梯形瀑布,光怪陆离,形影交错,蔚为奇观。宫内的所有喷泉全靠水的自流形成，因此，不论其近乎完美的艺术观赏性，还是高超绝妙的技术工艺，均为古今罕见。下花园占地1.02平方千米，按几何图形匀整铺列。下花园偏西的海边有玛尔丽宫，曾是沙皇私人起居处，规模不大，但装饰豪华，其间有果树园、暖房、禽舍、鱼池等。

冬宫

冬宫位于夏宫附近，是建于1754～1762年的沙皇宫殿。它是18世纪中叶俄国巴洛克式建筑的杰出典范，后成为国家博物馆的主体。冬宫为三层建筑，平面呈封闭长方形，长280米，宽140米，高22米，建筑总面积约4.6万平方米，占地9万多平方米。它一面朝向涅瓦河，另一面朝向海军大厦和宫殿广场。外墙四周分布着上下两排倚柱和三层拱顶窗，立面顶端有200多座雕像和花瓶等多种装饰图案。

宫殿内部以多

冬宫前的广场

夏宫中的海神喷泉

辉煌的冬宫

种艺术珍品装饰，色彩缤纷，豪华而又典雅。宫内大厅各具特色，其中乔治大厅、亚历山大大厅、孔雀石大厅、小餐厅尤为著名。1762年凯萨林二世即位后，为了收藏来自各地的大量艺术品，她下令在冬宫左翼兴建一座别馆，命名为"艾尔米塔什"，即法语的"秘密之屋"，经后世沙皇的不断扩建，形成今天的规模。19世纪初，俄罗斯帝国崩溃，艾尔米塔什、冬宫以及建于1783～1787年的剧院，一起被纳为国家博物馆。

位于圣彼得堡市中心格里波叶多夫运河附近的复活大教堂是一座典型的俄罗斯式教堂，已有百年历史。

圣彼得堡
所属洲 欧洲
所属国 俄罗斯
地点 圣彼得堡
列入名录年份 1990年
文化遗产 圣彼得堡历史中心区及有关建筑，包括夏宫、冬宫、艾尔米塔什博物馆、复活大教堂、喀山大教堂等历史古迹
意义 俄罗斯历史古都，俄罗斯黄金时期文化的见证

克里姆林宫和红场
Moscow Kremlin and Square
俄罗斯的艺术宝库

克里姆林宫和红场位于俄罗斯首都莫斯科附近的莫斯科河畔，是俄罗斯的代表性建筑，也是俄罗斯文化的象征。整个莫斯科城以克里姆林宫和红场为中心，呈环状向外辐射；风格多样、多姿多彩的建筑群是俄罗斯的艺术宝库，成为世界上极具特色的城市景观。宽阔清澈的莫斯科河从城南缓缓而过，更为这座美丽的城市增添了无尽魅力。

克里姆林宫

克里姆林宫是"城堡"或"内城"的意思。1156年，尤里·多尔戈鲁基大公沿着莫斯科河，在今天的莫斯科地区，以橡木围成一座小堡垒，这就是克里姆林宫的原始造型。由于这里水运方便、土壤肥沃、森林资源丰富，因此迅速发展为城市。1237年，蒙古人占领了莫斯科；1480年，伊凡三世驱逐了蒙古人，将莫斯科定为首都，他将原本木造的克里姆林宫改为砖石建筑，并增建了规模更宏大的宫殿、教堂及防卫设施，周围则以护城河及一道厚实的红砖墙环护，形成一座固若金汤的堡垒。莫斯科也以此为中心逐渐扩张。1917年皇室被推翻后，苏维埃社会主义共和国成立了，列宁于次年将首都从圣彼得堡迁回莫斯科，并将中央政府各机关设于克里姆林宫。1991年苏联解体之后，历经破坏与重生的克里姆林宫，依然是俄罗斯的中心。克里姆林宫以宫殿和教堂华丽、众多而著名，四周环以长2235米的红色宫墙，沿墙筑有20座塔楼。其中，最高、造型最完美的是"斯巴斯基塔楼"，此塔建于1625年，是在原来较低塔楼的基础上改建而成的。克里姆林宫北角还有古兵工厂，现为兵器陈列馆，这里收藏了俄国历代王朝遗留的文物，其西南角即为举世闻名的"钻石库"。

克里姆林宫和红场	
所属洲	欧洲
所属国	俄罗斯
地点	莫斯科
列入名录年份	1990年
文化遗产	市中心的红场及广场上的列宁墓、圣瓦西里大教堂、古姆百货商店等及与之毗邻的克里姆林宫建筑群。
意义	自13世纪以来一直是国家政治权力的中心和俄罗斯的文化宝库。

大克里姆林宫

克里姆林宫的一系列宫殿中，主体宫殿是位于整个建筑群西侧的大克里姆林宫。它建于1839～1849年，为两层楼房建筑，是政府办公地。其外观为仿古典俄罗斯式，内部呈长方形，楼上有露台环绕，共有总面

莫斯科河畔的克里姆林宫

欧洲

报喜教堂

积达2万平方米的700个厅室。厅室全部建筑形式多样，装潢华丽。宫的正中有装饰各种花纹图案的阁楼，上有高出主建筑物的紫铜圆顶，并立有旗杆。正门用白色大理石板建造。第二层厅室中有最为著名的格奥尔基耶夫大厅，是俄罗斯工匠所造的巧夺天工的艺术珍品。

伊凡大帝钟楼　克里姆林宫中最高的建筑是位于圣母升天教堂南边的伊凡大帝钟楼。它高81米，建于1505～1508年。钟楼原为三层，1600年时增至五层，并冠以金顶，世界著名的"钟王"就在钟楼前。"钟王"是世界上迄今为止最大的钟，铸于18世纪30年代，重量超过200吨。钟楼附近还有一尊制造于1586年的庞然大物——"炮王"，重量达40.6吨，口径为89厘米。

教堂广场　在克里姆林宫中心最古老的教堂广场上，建有圣母升天大教堂、天使大教堂、报喜教堂和圣母领报教堂。在这些宗教建筑中，建于1480年的圣母升天大教堂，以其山字形拱门和金色圆塔，表现了俄罗斯东北部教堂建筑的风格。稍晚于圣母升天教堂的是1489年建成的报喜教堂，它原为希腊十字形的3个圆顶的建筑，后又扩建成造型美观的9个金色圆顶的教堂，在当时被称为"金色拱顶"，它也是皇族子孙洗礼与举行婚礼的地方。

红场

著名的红场与克里姆林宫相毗连，位于克里姆林宫东墙一侧。15世纪90年代，莫斯科遭遇大火，火灾后空旷之地成了广场，曾被称为"火烧场"，17世纪中叶起称为"红场"——俄语中"红色的"一词还有"美丽的"之意。十月革命后，红场成为了苏联人民举行庆祝活动、集会和阅兵的地方。红场北面是19世纪用红砖建造、具有俄罗斯鲜明风格的历史博物馆。东面是莫斯科最大的国营百货商店大建筑群——"古姆"。红场中最醒目的建筑是位于广场南面的圣瓦西里大教堂，这是一座有着9个"洋葱"式尖顶的大教堂。教堂在红砖墙面用白色石头装饰，再配上各种颜色的表面，如金色、绿色以及糅杂的黄色和红色等。

伊凡大帝钟楼
钟楼内有22个大钟、30多个小钟。

布吕根地区
Bryggen Town of Berger
北欧千年木头镇

布吕根地区位于挪威南部西海岸的卑尔根市内。卑尔根是挪威第二大城，位于高山与峡湾之间，有七座高山散落市区周围，故又有"七山之城"之称。1070年奥拉夫三世时，卑尔根城建立；12～13世纪时曾为挪威首都，是挪威王国最早举行加冕典礼的地方；在整个中世纪期间，是斯堪的纳维亚半岛的最大港口和贸易中心；14世纪时，北欧商业城市的政治与商业同盟——汉萨同盟在此创立。在19世纪奥斯陆崛起之前，卑尔根一直是挪威最重要的城市。卑尔根的布吕根地区不仅是汉萨同盟海外商埠的唯一例证，也是城市发展初期阶段北欧木建筑城镇的典型代表。这个千年木头古镇在文化史上具有巨大价值，是北欧木建筑的珍贵遗迹。

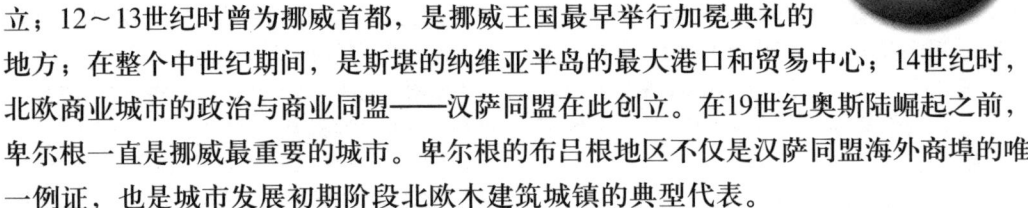

布吕根地区
所属洲 欧洲
所属国 挪威
地点 挪威西南的霍达兰郡
列入名录年份 1979年
文化遗产 布吕根古镇，包括港口东边码头沿岸为汉萨同盟而建的彩色房屋和古镇内木制房舍等古老的木结构建筑。
意义 汉萨同盟海外商埠的例证，也是北欧木建筑的宝贵遗迹。

汉萨同盟

汉萨同盟是14世纪时最重要的贸易联盟组织，最早由德国吕贝克的商人发起。联盟以城市为单位自行签订互惠条约，保证商业往来安全，因为政府的力量不足以保证商人海上往来的安全。这种商会形式的组织相当成功，形成了欧洲地区极大的海上贸易网络。虽然卑尔根不是会员之一，但由于当时挪威王室给予德国商人极大的优惠，德商因此在卑尔根成立办事处。"布吕根"在挪威语中是"码头"的意思，是卑尔根市最古老的地区。而这座老码头在14世纪到16世纪中叶，成为汉萨同盟各国重要的贸易港。

码头宝地

布吕根这座"码头"在建设之初就有着极其重要的作用和地位，成为许多地区抢夺的宝地。1300年以前，它属于垄断挪威对外贸易的贵族。在商业行会时代，北方来的渔船把干鱼运到布吕根，从这里装船并由居住于此的荷兰、英格兰、苏格兰和德国商人运到海外；同时，将海外运来的粮食运到北部地区。这种贸易使得北部挪威那些只有短暂暖季、难以生产足够食物地区的人民生活变得越来越好，甚至兴盛起来。由于获利颇丰，德国商人们先是租用这些码头，后来干脆买下来，使这座"德国码头"最后成了商人们的私有财产，并且不受挪威政

布吕根风貌

布吕根街道两旁木屋林立。

府法律的管辖。汉萨同盟解体之后,布吕根的"日耳曼商行"还存在了一段时间,直到1754~1898年间,才被挪威商行取代。

木头小镇

今日的布吕根被称作"木头小镇"。港口东边码头的沿岸,曲曲折折地耸立着一排排彩色房屋。这些彩色房舍是由13世纪的汉萨同盟建的,它们呈现出了14~16世纪汉萨同盟时期德国商人的群居特色。虽然几经大火侵袭,但当地居民们不断地在原地重建相同的建筑,最后一次浴火重建是1702年。从布吕根港望去,赭红、鹅黄、奶油色等鲜艳却又古色古香的尖顶建筑并排而立,形成布吕根地区最大的特色。现在所保存的58座建筑多数仍在使用,但多为商店或艺术工作室。

木造房舍 布吕根地区的木造房舍建筑大都

色彩缤纷的木屋是汉萨同盟的见证。

是三层建筑,有狭长的窗户和陡峭的屋顶,甚至其山墙都用木条拼成。每座建筑物都有一个或两个院子,还有石砌的地下室。透过造型整齐、井然有序的房屋,人们可以想见中世纪挪威人民的生活风貌。

汉萨博物馆 想要了解布吕根的历史,最佳去处是位于渔市场转角的汉萨博物馆,里面完整地再现了当时德国商人的

古朴的木结构房屋

生活实况。这里原来是商人的住所,1872年被当作博物馆开放。在历史上,布吕根曾几次遭受火灾,后又几次重建,因此多数房舍里不准点火,唯一准予用火的地方是公用厨房,那里也是大伙集会聊天的场所。

布吕根港口 布吕根港口由于常年的过度使用而变得十分破旧。1955年,考古学者曾在此进行挖掘,发现当今街区的全貌、院落的布局乃至建筑技术,自汉萨同盟时代以来基本上没有什么变化,可以说是保留了原有风格。近来,在一个公共基金会的参与保护下,港口已逐渐恢复生机。

爱丁堡
The Towns of Edinburgh
苏格兰精神之堡

圣吉尔斯大教堂

爱丁堡位于苏格兰中部低地的福斯湾南岸,是英国著名的文化古城,也是苏格兰的首府。这里气候温和湿润,年平均温度8℃;除春季多风外,夏、秋两季绿树葱茏,鲜花盛开,古代宫殿、教堂和城堡点缀其间,文化遗产十分丰富,是英国最美丽的城市之一,素有"北方雅典"之称。根据文献记载,公元6世纪时,在爱丁堡地区的一座山岩上建有一座简陋的城堡;到公元7世纪,北方的爱德温国王重新将其整建;此后,城堡便以他的名字命为"爱德温堡",演变至今成为"爱丁堡"。优雅的自然景色、独特的建筑风格、众多的历史古迹以及凝重悠久的历史文化传统,使得爱丁堡成为欧洲文化氛围最浓的古城之一,无愧为"苏格兰的精神之堡"。

苏格兰与英格兰

自罗马人入侵不列颠开始,苏格兰的历史就是一部抵卸外侮的血泪史,与英格兰的一连串历史恩怨则更加著名。有时两国王室联姻,有时相互杀伐攻战。历经数次战役后,苏格兰与英格兰于1707年签下了"统一法案",苏格兰解散国会,正式纳入英帝国,然而战乱仍旧不断发生。虽然这些取得独立地位的努力均遭失败,但生性乐观执拗的苏格兰人却从服饰等文化习俗上征服了英格兰:苏格兰独特的方格服饰已成为英国传统文化中最具特色的一部分。如今,作为苏格兰的首府,爱丁堡是苏格兰的政治、文化中心,同时也是苏格兰与英格兰交流的枢纽。

爱丁堡老城

爱丁堡城中的王子街公园将爱丁堡分为南北两部分,以南为老城,以北为新城。王子街以南的老城保持着鲜明的中世纪风貌,最引人入胜的地方无疑是充满历史记忆的爱丁古堡。这座建于公元7世纪的城堡,傲立在三面均为峭壁的火山岩丘上。岩丘海拔135米,沿陡坡拾级而上即到城堡。历史上,爱丁古堡因为地形异常险要,曾扮演过军事要塞、防御堡垒、皇宫、国家监狱等角色。现在城堡里的建筑是此后逐渐加建而成的,其中以玛格丽特皇后在1080年所建的圣玛格丽特小教堂最为古老。这座小小的建筑至今仍是民众举办婚礼或其他仪式的场所。城堡中还有军事博物馆,馆内分兵器、军服等收藏室,珍藏了从中世纪到19世纪末的各种实物,展现了欧洲兵器和军服的演变和发展过程。展品中还有苏格兰王朝的皇冠、权杖、宝剑等。兵器室中有一把巨剑长达1.5米。古堡内

> **爱丁堡**
> 所属洲 欧洲
> 所属国 英国(苏格兰)
> 地点 福斯湾南岸
> 列入名录年份 1995年
> 文化遗产 新城与旧城,包括爱丁古堡、圣鲁德宫、圣吉尔斯大教堂、司各特纪念塔在内的众多历史遗产。
> 意义 爱丁堡政治、文化中心,也是苏格兰历史文化的重要发源地。

皇家大道的两边古迹荟萃。

其他重要的建筑还有王宫、旧议会大厅、苏格兰国家战争纪念馆等。

皇家大道 爱丁古堡到圣鲁德宫之间全长600多米的皇家大道是旧城区的中心,古代国王常骑马乘车往来其间。这条街道上的许多古董店和古老建筑令人宛如置身于中古世纪。其中的著名建筑包括圣鲁德宫、壮丽的议会大厦、典雅的市政会议厅、雄伟的圣吉尔斯大教堂和特伦·科尔克小教堂,以及莫伯雷住宅和约翰·克诺克斯住宅等。其中以皇家大道东端的圣鲁德宫最令人称道。圣鲁德宫得名于它的前身——圣十字修道院,约建于1128年,由当时苏格兰国王大卫一世下令修建。1520年,詹姆斯四世将它改为皇宫,如今它是英国女皇每年夏天出行的驿馆。

爱丁古堡矗立在火山岩丘上,是爱丁堡的地标。

爱丁堡新城 位于王子街以北的是18世纪兴起的棋盘式新城区。新城区以五横七纵的道路布局规划,虽然只是单纯的左右对称,却呈现出相当洗练的巴洛克风格。新城区始建于1766年,由建筑师詹姆斯·克雷格设计,城区的东西两侧有夏洛特广场与安德鲁斯广场,整体布局匀称协调,十分优美。这里的住宅平面都是整齐划一的长方形,其建筑细部的处理同样令人赞叹;雅致的住宅入口、精细的铸铁栏杆和街灯,更为它赢得了"理性的微笑"的赞誉。这座已有两百多年历史的新城,是英国面积最大的古迹保护区,著名的景点有司各特纪念塔、苏格兰国家美术馆、圣乔治教堂、圣安德鲁斯广场等。其中最重要的是司各特纪念塔,这是一座高60米的哥特式纪念塔,在拱门状石柱支撑的天花板下,塑有被称为"苏格兰英雄"的大文豪司各特的雕像。

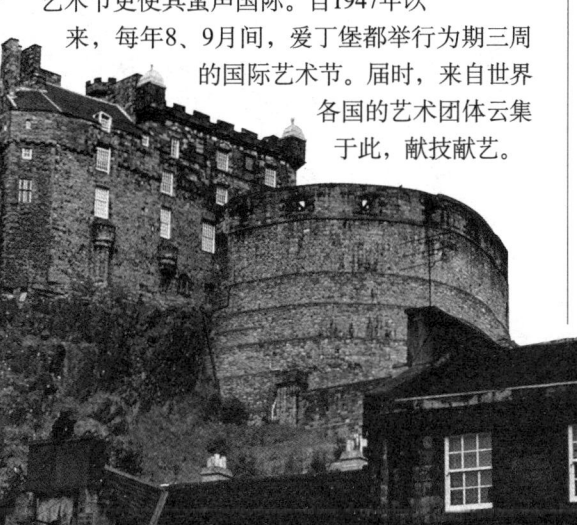

苏格兰风笛和方格服饰已成为英国的传统特色文化。

爱丁堡艺术节

爱丁堡不仅是苏格兰的政治中心,也是文化中心。这里有成立于1583年的作为欧洲主要学术与教育中心之一的爱丁堡大学,有苏格兰国家美术馆及国家画廊等。而著名的爱丁堡艺术节更使其蜚声国际。自1947年以来,每年8、9月间,爱丁堡都举行为期三周的国际艺术节。届时,来自世界各国的艺术团体云集于此,献技献艺。

伦敦塔
The Tower of London
—— 晦暗与荣耀共存的中古堡垒 ——

伦敦塔位于伦敦泰晤士河北岸、伦敦城东南角的塔山上。伦敦塔在英国历史上扮演过多重角色，它曾经是防守严密的城堡要塞、皇家行宫重地、令人望而生畏的监狱，而现在则是一座著名的博物馆，陈列着历代国王珍贵的王冠、王袍、金银珠宝和所用器皿等。雄伟的建筑风格和悠久的历史渊源使伦敦塔成为英国重要的文化遗产之一。

白塔
白塔于1078年威廉一世时开始兴建，并于1097年威廉二世时建成。白塔是伦敦塔的中心，为一座诺曼底式建筑，也称"大塔"和"中央要塞"。

"碉堡"伦敦塔

伦敦塔占地18万平方米，始建于11世纪，是一座具有900多年历史的中古建筑。古老的伦敦塔在英国王宫中的地位非常重要，国王加冕前必须住在伦敦塔，这已成了一个惯例。伦敦塔名为"塔"，实际是英国罗马时期的一座城堡式建筑，粗犷与厚重的建筑外形是罗马诺曼底风格的表现。曾作为要塞的伦敦塔由两道防御围墙围合，外部围墙由爱德华一世建于1275～1285年，最初是一圈低矮的墙体，与墙

外的一道沟壑形成第一道屏障。这道墙既可作为掩体，又不会遮挡内墙后面和塔楼内的卫兵瞄准和射杀敌人。内墙较高，沿墙设有13座碉堡，以威克非塔、血塔、钟塔、滑铁卢塔最为著名，构成第二道屏障。这些碉堡凸于墙外，卫兵可居高临下俯视墙外每寸土地。

伦敦塔碉堡
碉堡可居高射杀壕沟外的目标。

伦敦塔夜景
伦敦塔每晚十点举行古老的锁门仪式。"上帝保护伊丽莎白女王"的回声在黑夜中穿越了五百多年的悠远历史。

伦敦塔	
所属洲	欧洲
所属国	英国（英格兰）
地点	伦敦泰晤士河北岸
列入名录年份	1988年
文化遗产	伦敦塔塔群建筑，包括多次重建的防御措施和国王王宫及众多塔楼和核心防御建筑——白塔，以及"叛逆者之门"等建筑。
意义	英国皇室的重要象征。

白塔 伦敦塔最重要、最古老的建筑是位于要塞中心的塔楼，它是整个建筑群的主体，因其用乳白色石块建成，故又称"白塔"。白塔原是守备人员进驻之所，因此最为坚固。塔楼高27.4米，东西长35.9米，南北长32.6米，底部墙厚4.6米，顶部厚3.3米，为双层墙壁，窗户很小，用坚硬粗糙的毛石砌成。塔楼四角外凸，耸出四座高塔。高塔三方一圆，在角隅设有螺旋楼梯，通达顶层。白塔西北角还有一座12世纪建的小礼拜堂。萨马塞特公爵、诺桑巴兰特公爵以及亨利八世的两个王后——安妮·博琳和凯瑟琳·霍华德等在伦敦塔内被处死后就埋葬在这里。

叛逆者之门 伦敦塔的入口通道设在西南角，人们需先进入位于壕沟外缘的一座碉楼，经过一座桥梁再进入位于堤梁上的米德碉楼，然后再跨过一座桥梁，继而通过壕沟内缘的贝瓦德碉楼，才能进入外墙防御区。西南角的外城墙下有一道水门，曾是要塞唯一的入口，经过或没有经过法庭判决的犯人要经过泰晤士河，再通过这道水门，进入囚禁之地——伦敦塔，所以，这道水门被称为"叛逆者之门"。

伦敦塔卫兵

"监狱"伦敦塔

伦敦塔曾囚禁过一些举世闻名的有名人物，包括空想社会主义鼻祖——托马斯·莫尔、亨利八世的两位王后、英王爱德华四世的两个幼子，还有对内治国有方、对外打败过西班牙"无敌舰队"的伊丽莎白一世女王等。由于关入塔内的人很少生还而且下场悲惨，所以几百年的时间里，伦敦塔成为令人毛骨悚然的"死狱"。

伦敦塔的别样风景

关于伦敦塔还有一些带有迷信色彩的传统，塔内渡鸦的传说是最著名的。人们说渡鸦如果一旦离开伦敦塔，伦敦塔就会倒塌，王朝也将随之垮台。为此，人们对渡鸦倍加爱护，生怕得罪它而给自己带来厄运。所以，现在人们把渡鸦戏称为伦敦塔内"最后的囚徒"。伦敦塔内的另一道风景是守卫伦敦塔的士兵，他们的职责之一便是看守英国王权象征物——王冠和权杖。这是一支训练有素的队伍，而且保留传统服饰，至今仍穿着猩红色都铎式制服，戴高高的黑色熊皮帽。这些士兵均是由服役多年且品行优秀的高级军士充任，如今，他们既是卫士又是导游。

威斯敏斯特宫和大教堂
Westminster Palace and Abbey
伦敦的地标

威斯敏斯特宫、威斯敏斯特大教堂位于英国伦敦泰晤士河北岸,是伦敦的标志性建筑之一。近千年来,威斯敏斯特宫和威斯敏斯特大教堂记录了英国历史的风风雨雨,它们以其特有的历史文化价值构成了英国最具代表性的文化景观。

威斯敏斯特塔楼因大本钟而声名遐迩。

威斯敏斯特宫

威斯敏斯特宫又称"议会大厦",始建于11世纪,其兴建者是爱德华一世。自建成起的400多年中,它一直是英国的主要王宫。1547年,威斯敏斯特宫成为议会上下两院所在地。下议院由议会议员组成,上议院由"贵族"组成。1834年,因火灾,威斯敏斯特宫几乎全部焚毁,只有威斯敏斯特大厅和为数不多的房间以及走廊得以幸免,其余部分都化为灰烬。1840~1857年,建筑设计师查尔斯·柏利对它进行了重建,如今的威斯敏斯特宫是世界上最大的哥特式建筑群。

威斯敏斯特宫是世界上最大的哥特式建筑。

宫中大厅 宫中共有大厅14座,房子400多间。南半边是上议院,即"贵族院",陈设布置以红色为主;北半边是下议院,亦称"众议院",装潢以绿色为标志,中间由一座圆形中央大厅隔开。上议院的会议厅长27.5米,宽14米,正面坛台上有英王宝座,坛台前是上议院议长的座位,座位上的坐垫是一个大羊毛袋。据说这个羊毛袋已有400多年历史,并且同英国靠羊毛工业起家有关。议长席两侧各有四排红皮椅,为上议院议员席位。下议院的会议大厅,装饰、大小都略逊于上议院。大厅正中通道北端的一把大座椅为议长席。其右边是在朝党议员坐席,左边是在野党坐席。内阁成员和反对党成员分别坐在两厢的前排，称"前座议员"，其他则是"后座议员"。下议院正门两旁，分别安放两次世界大战期间担任英国首相的劳合·乔治和温斯顿·丘吉尔的雕像。宫殿前面的议会广场矗立着一些英国历史人物雕像，其中有前首相丘吉尔3米多高的全身雕像，以表彰他在战争年代对国家做出的巨大贡献。

宫殿塔楼 宫殿西南角和东北角，各有一座式样不同的高塔。西南角为"维多利亚塔"，高102米，长、宽各22.9米，全部为石质结构，内部共分11层，因其防火性能强，所以供放议会重要文件档案之用。塔楼下部的皇门，为英王到议会时专用。东北角的方塔是一座钟楼，建于1856年，高97米，著名的"大本钟"即安放于此，是伦敦的象征之一。大本钟总重21吨，是由当时的国务大臣本杰明·霍尔爵士监制的；为了纪念他的功绩，取名为"大本钟"。今天，凡到伦敦观光的人，无不到钟楼周围，站在议会桥上欣赏塔楼这一别具一格的建筑。

威斯敏斯特大教堂

在威斯敏斯特宫的西边耸立着著名的威斯敏斯特大教堂。此教堂于1050年，由英王爱德华一世下令修建；1245年亨利三世时重建；此后又陆续增建，一直到15世纪末期才告竣工。大教堂五百多年来几经修葺，被认为是英国哥特式建筑中的杰作。教堂的外表原为白色，正门朝西，教堂塔尖刺向天空。教堂的平面图为十字架形，长156米，宽22米，大穹隆顶高31米，两侧双塔高69米。整座教堂金碧辉煌，再加上高耸的双塔，更显庄严神圣。

威斯敏斯特大教堂
威斯敏斯特大教堂又译"西敏寺"，建筑风格为哥特式，是伦敦乃至整个英国历史的缩影。

威斯敏斯特宫前的查理国王雕像

威斯敏斯特宫和大教堂	
所属洲	欧洲
所属国	英国（英格兰）
地点	泰晤士河北岸
列入名录年份	1987年
文化遗产	威斯敏斯特宫、威斯敏斯特大教堂及附近的圣玛格丽特教堂等。
意义	威斯敏斯特宫是英国最重要的宫殿之一，也是英国议会所在地；威斯敏斯特大教堂是英国哥特式建筑的杰作。

教堂博物馆 在教堂的地窖里还有教堂博物馆。英国历代国王和女王都在这里进行加冕典礼，王室成员的婚礼也在这里举行，大部分去世的国王也葬在这座教堂内。17世纪英国资产阶级革命胜利后，这里不再是王室墓地独霸之地，著名科学家牛顿、达尔文，小说家狄更斯、哈代，女诗人勃朗宁等许多名人的墓也进入了这里；第二次世界大战中牺牲的全部官兵的名册也保存在这里。教堂博物馆内还有若干为死去的君主建造的小教堂，其中重建于1557年的圣爱德华小教堂内，有著名的英王加冕宝座。宝座从1300年遗留至今，它下面是一块来自苏格兰的被称作"斯库因"的圣石，这两件东西都是英国的镇国之宝。

坎特伯雷教区
Canterbury Parish
催生英国基督教文明的摇篮

基督教堂大门是坎特伯雷大教堂的主要入口。

坎特伯雷大教堂及其教区位于英国肯特郡的坎特伯雷市，教区内有三个主要的宗教机构，分别是位于城内的大教堂、位于城外的修道院以及位于城东的圣马丁教堂。除了这些主要的建筑外，教区内还散布着一些小教堂和教堂墓地，它们与大教堂、修道院和圣马丁教堂共同构成了坎特伯雷壮丽的宗教建筑群。坎特伯雷大教堂及其教区，无论在英国的文化史上还是在建筑史上都有着极高的地位，是催生英国基督教文明的摇篮，也是英国基督教兴起和发展的见证。

坎特伯雷教区	
所属洲	欧洲
所属国	英国（英格兰）
地点	肯特的坎特伯雷
列入名录年份	1988年
文化遗产	坎特伯雷大教堂，包括教堂十字回廊、基督教堂大门、教士会议室、殉教者和王室的墓室。另有圣奥古斯丁修道院和圣马丁教堂所在地。
意义	是英国基督教的摇篮。

坎特伯雷的历史传说

据史料记载，坎特伯雷在公元43年罗马人入侵前已非常繁荣，与比利时和其他欧洲国家都有密切的贸易往来。据说圣马丁教堂便是建于这个时代。公元597年，来自罗马的圣安德鲁修道院院长奥古斯丁，以圣马丁教堂为根据地宣扬基督教义，并由此建造了圣奥古斯丁修道院及坎特伯雷大教堂，这三座宗教建筑为英国的基督教奠定了发展基石。12世纪时，坎特伯雷发生了一场王室和教会斗争的事件，当时的大主教圣托玛斯为确保教会的权利，以身殉教。他的精神受到人们的崇敬，传说他的遗物还具有治愈疾病的神奇力量。从此以后的数百年间，前来坎特伯雷朝圣的人们遍及全欧各地，坎特伯雷大教堂的宗教地位大大提高。而这个故事也一直为人们津津乐道，传颂于诗歌、小说、戏剧及电影中。后来，修道院被皇室拆毁，并由此衰落了下去。但坎特伯雷大教堂和圣马丁教堂则幸运得多，高高耸立的尖塔一如全盛时期一般主宰着坎特伯雷的天空。这些历史建筑与大主教圣托玛斯的事迹相互辉映，经久不衰地吸引着朝圣的人们。

坎特伯雷大教堂侧影

坎特伯雷大教堂

坎特伯雷大教堂是整个教区的主体建筑。它位于城市的中心地区，由于扩建和多次火灾后的重建，建筑的各个部分筑于不同年代，因此呈现出不同的建筑风格：高大而狭长的中厅和高耸的中塔楼及西立面的南北塔楼，表现了哥特式建筑向上飞拔升腾的气势；而东立面则表现出罗

圣马丁教堂中堂

马风格的建筑特点。晚期哥特式的基督教堂大门是大教堂的主要入口，穿过入口后的庭院即可来到西面大门。进入大教堂中堂，可见建筑结构垂直高耸，并向上延伸成肋状的圆顶，顶中央还有一系列金色浮雕。中堂台阶最上层有一座石雕布道坛，并以怀抱盾牌的天使和六个国王的肖像作为装饰。布道坛两侧是用白色大理石装饰的唱诗席，其鲜明的反差效果令许多大教堂建筑师趋之若鹜，这种潮流席卷全英国达一个世纪之久。此外，唱诗席下还设有地窖。地窖中，矗立着22根巨大石柱，这是教堂至今仅存的罗马风格的建筑。由其残存的遗迹，不难想像当时这座英国最大的地窖的宏伟规模。

坎特伯雷大教堂中堂

圣奥古斯丁修道院

位于城外的圣奥古斯丁修道院曾是英国最大的修道院，包括庞大的回廊、会议厅、寓所、食堂、教堂和医院，可供150名修士隐修。圣托玛斯主教殉道后，教会与皇室的斗争愈演愈烈。在1538年，英王亨利八世终于解散了圣奥古斯丁修道院，修道院日益衰落下去；直到1844年才开始发掘和保护。

圣马丁教堂

作为英国最古老的教堂之一的圣马丁教堂，位于坎特伯雷城东的山脚下，主要由中厅、圣坛和西部塔楼组成。这座建筑初看起来很普通，但细部的结构却很复杂。详细的勘察和小规模的发掘已表明，这座长方形的建筑物是用罗马时期的材料建成的，这再次印证了教堂始建于罗马时代的推测。圣马丁教堂的绝大部分仍然保留了19世纪中叶整修后的面貌。修复完成的彩绘玻璃上，可读出教堂历年来的大事记。另外，教堂中堂还安装了长靠背椅及祈祷室，洗礼盆的位置也移至西南角。

博因考古遗址群
Archaeological Site of the Bend of Boyne
—— 欧洲史前巨石艺术遗存 ——

博因考古遗址群位于爱尔兰首都都柏林以北约45千米的博因河湾处，建于5000多年前。这里是一系列小的冰川山丘与大小河流交汇处，这里也是发现三个史前手推车的地点，有时也被称作"布鲁纳比奈皇家墓地"。博因遗址群以三座大型石墓为主，其中又以纽格兰奇巨墓名气最大。凝聚着人类智慧的纽格兰奇巨墓像一个大型的纪念碑，告诉现在的人们：在很早以前，人类就认识到自然界的巨大力量，并能加以利用。而今天，这个值得骄傲的传统还在延续。

纽格兰奇巨墓

巨墓始建于公元前3100年左右，但直到1699年人们才在修路时偶然发现了它。现在，它是爱尔兰最有名的史前遗迹，也是西欧发现的此类墓葬中水平最高、构思最奇特的一个。从外观看，古朴的纽格兰奇巨墓不过是高坡坡顶上一个微微隆起、遍覆青草的圆形大土堆，但其实，它的建造堪称工程史上的奇迹。巨墓仅墓基就由97块数吨重的大石头水平铺就，其中许多块都刻有螺旋形、菱形、半同心圆、锯齿形等各种带有象征意义的图案。而整座墓则是由20多万吨石头和土块垒成的。

墓穴内部　绕过巨大的墓门石，走进墓穴内部，便见一条19米长、低矮笔直的石头甬

墓区竖起的巨石好像卫兵一样坚守在博因河谷。

这座已经屹立了五千多年的墓穴里埋葬了16个人。

死者带来光明；大约15分钟后，随着太阳照射角度的变化，石室复归于黑暗。墓穴前还散布着几块巨石；巨石以及巨石阵、石圈，都是爱尔兰与英国独有的史前遗迹，其意义至今仍是一个未解的谜。

难解的谜 跟同时期的英格兰巨石阵一样，纽格兰奇巨型石墓也是工程学上的奇迹。根据考古学家分析，石墓内部的石块可能是从博因河上，通过底部枕上圆木而滚到预定地点的。他们推测如此浩大的工程必定要耗费几十年的时间，需要几代人的共同努力。但是新石器时代的人到底为什么要建这座巨大的坟墓，至今还是个难解之谜。考古学家还发现很多石块上雕刻着漩涡状的花纹，可能代表着太阳。螺旋线本身可能在其他的巨石文化中也很常见，但是在使用石斧或石凿的新石器时代发现螺旋线，在爱尔兰岛以外的同时代考古发掘中还是十分罕见的。

博因考古遗址群
所属洲 欧洲
所属国 爱尔兰
地点 爱尔兰首都都柏林以北约45千米博因河湾处
列入名录年份 1993年
文化遗产 博因河谷地区的考古遗址。
意义 是欧洲最大、最重要的史前巨石艺术展示地，反映了当时的社会、经济及丧葬状况。

道，尽头是一个不规则的圆形石室，约6米高，一次只能容十余人站立。室内有三个壁凹，每个壁凹里有一个大石盆，大概是进行某种宗教仪式用的。在石室里，考古学家发现了两具尸体残骸、至少三名死者的骨灰、四件垂饰、两串珠子、一片燧石、一个骨制凿子和一些骨制别针等等。但死者是什么人，至今仍不得而知。

奇特的设计 巨墓设计最神秘之处是石室的地面、巨墓的入口与正东方远山山顶处在同一水平面上。每年冬至早晨，太阳从远山山顶升起，正好能够穿过甬道射到石室的地面，给终年黑暗的石室以及安葬在石室里的

每年冬至这一天，太阳的光能够照进纽格兰奇巨墓漆黑的墓穴。

墓区石头上的螺旋形图案或单独出现或成组出现，有时沿同一方向旋转，有时故意反方向旋转。

斯凯利格·迈克岛
Skellig Michael Island
早期基督徒艰苦生活的写照

斯凯利格·迈克岛是位于爱尔兰西南部20千米的一座仅0.17平方千米的远海孤岛，距艾维尔半岛西端的博拉斯角11.5千米。大约在公元7世纪，一座隐修院就高高地矗立在孤岛陡峭的山坡上了；修道院教士在此与世隔绝地生活了两个世纪。如今，这里已成为一处朝圣地，爱尔兰大文豪萧伯纳也曾慕名前来游览。这座修道院反映了基督教初期的建筑风格，为欧洲现存最古老的修道院之一。它展示了最早的爱尔兰基督徒们远离尘世、在非常艰苦的环境里生存的场景。由于斯凯利格·迈克岛与陆地隔绝的缘故，致使人们直到现在都难一窥究竟，这也使得修道院得到了特别的保护。

修道院的创建

公元500～1000年，欧洲经历了黑暗时代，北欧蛮族入侵英伦各岛，到处抢掠，焚烧书籍。公元7世纪，教士圣菲奥南为保护文化遗产，在今爱尔兰斯凯利格·迈克岛陡峭的山坡上兴建了一座修道院，教士们避居到这个荒岛上，费尽心力抄写经卷。公元950～1050年，修道院建起了一座以圣迈克尔为守护神的教堂。如今，这个修道院及其教堂完好地保存了1400年以前它最初修建时的风貌。修道院没有变成人们每年朝圣的目的地，但有永久居民。1826年，两座灯塔被建立在了海岛上；上面的灯塔在1870年5月建成后被废弃，下面的灯塔在1967年5月被重新进行了现代化的改建。

斯凯利格·迈克岛
所属洲 欧洲
所属国 爱尔兰
地点 爱尔兰西南岛屿
列入名录年份 1996年
文化遗产 斯凯利格修道院。
意义 中世纪基督徒的隐居地，修道士在欧洲的黑暗时代肩负了延续文明的重任，令很多历史文献没有失传。

修道院建筑物

早期基督教提倡禁欲生活方式的实践由岛上的爱尔兰基督徒进行了。修道士居住的石造小屋建在几乎垂直的峭壁墙壁之上。房屋形如蜂窝，沿凸凹不平的岩地而建，没有丝毫修饰的痕迹，唯有十字架显示出这是座基督教建筑。此外，原来的修道士使用大约500块石头修建了一条石阶路，它一直通向夹于两座山峰之间被称作"基督的马鞍"的"鞍部"地区。斯凯利格·迈克岛上最高的一座山峰顶部有一块具有历史意义的刻有十字架的纪念石。中世纪的朝圣者在访问修道院后，通常亲吻岩石以示虔诚。

小礼拜堂 修道院内除了有六间用石头叠成、形似蜂巢的椭圆居室供教士居住外，在

在岛上至少有7个蜂窝状的供修道士居住的小屋。

荒岛南面几乎垂直的山顶上，更令人惊讶地建有一间小礼拜堂。由于山顶没有平地，所以为了建造这个小礼拜堂，教士们必须沿陡峭的山壁修筑石墙，这足可见其卓越的建筑技术。在《被遗忘的斯凯利格·迈克岛修道院》一书中，小礼拜堂被誉为"爱尔兰早期修道院中最大胆的建筑之一"。书中说："教士们相信每铺一块石，就能进一步接近神。至于在小岛的顶峰建修道院，就代表了他们与神最接近。"

教士的生活

教士在岛上自给自足，用鸡蛋、羽毛、海豹肉与驶经的渔船交换谷物、工具及动物毛皮等。此外，他们又长途跋涉地从爱尔兰陆地运送泥土回来耕种；饮用水则靠收集雨水得来。据估计，不会有超过12名教士及1名修道院院长住在岛上。教士们这种与世隔绝的生活持续了约200年，最终被发现。公元823年，海盗登岛抢掠，绑架了修道院院长，逼他捱饿致死，修道院也难幸免而遭破坏。随着黑暗时代的结束，教士迁离小岛，重回大陆。至17世纪，修道院被完全废弃。今天，修道院已成为爱尔兰著名的历史遗迹，纵使到修道院路途遥远，参观者更需攀上640级石阶才能到达修道院，但仍有不少游客不惧艰辛，只为一睹这个备受大自然眷顾的美丽小岛。大文豪萧伯纳游览后也不禁赞叹道："这是一个令人难以置信、甚至令人疯狂的地方，它不属于世俗，它是我们梦想世界的一部分。"

纪念石

通往修道院的山路

古都吕贝克
Hanseatic City Lubeck
汉萨女皇

古都吕贝克是历史上著名的汉萨同盟的首府，位于德国东北部的石勒苏益格·荷尔斯泰因州，四面环水，景色宜人。"吕贝克"本身的意思就是"迷人的地方"，市镇内依然保存着当时的城市布局和15～16世纪的许多建筑，如城墙、城门、碉堡、贵族住宅、记功碑、教堂以及盐库等，城市所特有的宗教性和世俗性和谐地融为一体，闪烁着动人的光芒。古都吕贝克因为城市艺术的高度成就，而被誉为"中世纪城镇建设之典范"。

圣玛利亚教堂

圣玛利亚教堂约建于1250～1350年，是一座哥特式大教堂。教堂因拥有世界上最大的管风琴而著称，著名作曲家和管风琴演奏家布克斯特霍德曾在此担任管风琴师近40年。大音乐家巴赫年轻时曾长途跋涉到此，专程来聆听他的演奏。

汉萨同盟城市

吕贝克城始建于1143年，1226年成为帝国自由市，它很少受封建制度的束缚，商业航海蓬勃发展，成为德意志数一数二的大城市。为了保护正常的商业活动，免受海盗的袭扰，13世纪起，以吕贝克为首的上百个城市联合组成"汉萨同盟"。同盟以拓展和保护商业为宗旨，拥有海上武装和金库，控制了西起伦敦东到俄罗斯广大地区之间的贸易，而同盟总部就设在吕贝克。哥伦布发现新大陆后，贸易重心移向大西洋沿岸，波罗的海贸易锐减，吕贝克一度失去它原有的重要性。1871年德国统一，吕贝克作为自由市加入帝国。1900年"易北-吕贝克运河"的开凿及造船、机械等新型工业的蓬勃发展，又给吕贝克带来了生机。

荷尔斯泰因大门

全部用红砖建成至今保存完好的尖圆锥双塔荷尔斯泰因大门，是吕贝克的象征。

古都风貌

古城的东部

和北部区域保持着中世纪的完整格局，就像一座活的建筑博物馆：哥特式、巴洛克式、洛可可式、非经典式，从中世纪到现代的各种建筑风格都有。中世纪由于对空间需求的增长，使建筑结构出现了内院和背街，临街的房子将内院与大街隔离开来，形成了相对封闭的内向格局，同时也造就了古城的独特风貌。古城西侧是富人贵族区，住宅豪华讲究，结构坚固，设施完备。富丽堂皇的大厅、古色古香的壁炉、彩绘的木制天花板以及花园等都极富特色，颇有一些浪漫的田园风格。在古城中心的制高点上，坐落着圣玛利亚教堂和市政厅，这二者相毗邻，成为吕贝克最重要的建筑物，并因其艺术上的重大价值享誉欧洲。

市政厅

市政厅

市政厅是德国最美、最古老的哥特式建筑之一，曾被当作该地区市政厅的样板。市政厅建于13~15世纪，为砖结构哥特式建筑，正面为文艺复兴式，部分有瓷砖装饰，巍峨壮丽。在后来的几个世纪中，市政厅一直是远近城市争相效仿的典范。

荷尔斯泰因大门

古城西侧坐落着著名的荷尔斯泰因大门，这座古城门一直是吕贝克城的象征，也是德国最美丽的中世纪城门。荷尔斯泰因大门建于1464年，为晚期哥特式风格。大门顶上是一垛古色古香的山墙，左右是两座巨型尖顶圆塔，就像两个守卫城门的卫士。拱门上用拉丁文刻着"对内和睦，对外融洽"一行字，远看十分醒目。50马克钞票上就印着这座城门的雄姿。

古都人物

吕贝克对于世界的贡献不仅限于建筑古迹，还哺育了许多名垂青史的国际级大人物，其中最令吕贝克人引以为荣的两位同乡便是托马斯·曼和威利·勃兰特。1900年，年仅25岁的托马斯·曼在这里完成了长篇巨著《布登勃洛克一家》，并因此获得了诺贝尔文学奖。55年之后，托马斯·曼被吕贝克市授予荣誉市民的称号，直到今天，托马斯·曼曾经生活过的那幢"布登勃洛克之家"仍是游客们的观光胜地。而提起德国前总理威利·勃兰特，人们自然会想到他于波兰华沙烈士墓前那惊人的一跪。这位以自己行动代表德意志民族彻底反思二战罪行的总理，曾不止一次地公开表达了对故土吕贝克的眷恋："我来自吕贝克，无论走到哪里，我始终感觉到，吕贝克已经成为我身体中的一部分了……"

圣玛利亚教堂内的圣坛

古都吕贝克	
所属洲	欧洲
所属国	德国
地点	汉堡东北的吕贝克
列入名录年份	1987年
文化遗产	吕贝克古城区：荷尔斯泰因大门、城堡门、圣雅各比海员大教堂、城堡修道院、大教堂（波罗的海地区第一座大型宗教建筑）、圣玛利亚教堂、埃吉迪安教堂及"布登勃洛克之家"等。
意义	前汉萨同盟"首都"，保存有中世纪的城市面貌。

波茨坦和柏林的宫苑
Palaces, Parks of Potsdam & Berlin
—— 普鲁士王朝皇族生活的忠实见证 ——

在普鲁士王国国力强盛并大肆兴建城池期间，留下了150余栋宫殿与花园。它们散落在柏林与波茨坦境内，著名的有忘忧宫、采琪莲霍夫宫、孔雀岛等，其中又以忘忧宫为最。

要参观忘忧宫这座洛可可式风格的宫殿，首先要登上132级台阶。

忘忧宫

　　有人曾说：普鲁士王朝的精华在波茨坦，而波茨坦的精华则在忘忧宫。1744年，腓特烈二世依照自己的蓝图规划，在城门外俗称"荒野山"的地方建造了占地近3平方千米的避暑夏宫——圣西斯宫，这里成为了腓特烈二世这位酷爱艺术的皇帝得以暂时忘却如麻国事、抒发自己情感的地方，因此被称为"忘忧宫"。忘忧宫全部建筑工程前后延续了50年之久，是德国建筑艺术的精华。由于整座宫殿坐落在沙丘之上，故又有"沙丘上的宫殿"之称。宫殿前面的大喷泉由圆形花瓣石雕组成，四周用"火"、"水"、"土"、"空气"4个圆形花坛陪衬，花坛边塑有形象生动的神像。往后直到宫殿正门之前，是一处有着132级台阶且六段式分层的平台阶梯。阶梯的两侧，由翠绿的丛林烘托，种植着北欧难以培育的葡萄果树等植物。宫殿中有瑰丽的首相厅，其天花板上的装潢极富想像力，厅内四壁镶金，光彩夺目。宫殿东侧有收藏124幅名画的画廊，多为文艺复兴时期意大利、荷兰画家的名作。画廊宽敞豁亮，每逢佳节，这里常常举行音乐会。

忘忧宫花园　　由忘忧宫的喷泉再往前，就是其美丽的巴洛克式花园。喷泉前面的大道往左有一座建于1755～1764年的艺廊，由建筑师约翰·高特弗瑞德·伯瑞设计，以展示腓特烈大帝的收藏品为主，它也是德国第一座以博物馆概念兴建的建筑。艺廊正面镶有大型落地窗，廊内还有一系列涉及哲学、历史、雕刻、绘画、地理、天文等领域的具有人文精神的雕像。忘忧宫花园内还有一座六角亭，被称为"中国茶亭"。这座建筑采用了中国传统的碧绿瓦、金黄柱、伞状盖顶及落地圆柱结构。亭内桌椅完全仿照东方样式制造，亭前有中国式香鼎，还有一位中国衣着的老人品茶的雕像。

忘忧宫花园中具有东方情调的茶亭

新皇宫 忘忧宫花园内最大的建筑物是腓特烈国王用以展示其雄心与野心的"新皇宫"。新皇宫位于忘忧宫花园的西侧，始建于1763年，是一座前后只花了七年时间就完成巴洛克式的大型建筑物，宫内共计400多个房间，有皇室、客室、祭厅、珍藏室、大理石艺廊和剧院等，装饰极尽奢华。

新花园

新花园位于波茨坦西北方，建于18世纪末。花园由腓特烈·威廉二世下令兴建，因当时欧洲新古典主义刚刚萌芽，所以采用这种全新的风格设计。尤其是兴建于1787~1791年的大理石宫殿，虽然小巧简单，但却十分美观协调，是柏林及波茨坦早期建筑新古典风格的里程碑。著名的采琪莲霍夫宫就在新花园中。它原为普鲁士国王为其妹妹和妹夫所建造的宫殿，同时也是普鲁士王朝时期的最后一座宫殿。采琪莲霍夫宫之所以著名，是因为苏、美、英三国领袖在此签署了具有历史意义的《柏林（波茨坦）会议议定书》和《波茨坦公告》，波茨坦城也因此而举世闻名。在厅内中央一个大圆桌上插着苏、美、英三国的国旗，围绕桌子分别摆放了三把大扶手椅，靠窗的一把为斯大林的座位，其余两把为杜鲁门和丘吉尔所坐。

孔雀岛

著名的孔雀岛位于柏林西南端的哈弗尔河中，这里先后修建了具有罗马风格的宫殿以及玫瑰园和橡树林，其

波茨坦和柏林的宫苑	
所属洲	欧洲
所属国	德国
地点	波茨坦和柏林
列入名录年份	1990年，1992年扩大
文化遗产	150余栋宫殿与花园，包括忘忧宫及其花园、古代神庙、新皇宫等建筑，古典主义风格的夏洛特堡、巴贝斯贝格宫和花园及新花园、孔雀岛、格利尼克宫和公园、萨克罗夫宫和公园等。
意义	不仅具有极高的艺术价值，更忠实地呈现出了普鲁士皇族的生活面貌。

孔雀岛上的小圣殿

间放养了很多孔雀，岛也因此而得名。1793年，腓特烈威廉二世在孔雀岛金屋藏娇，不幸的是，他的这段浪漫快乐的日子因他的英年早逝而很快地结束了。到了腓特烈威廉三世，孔雀岛成了一处独具特色的自然保护区。岛上鸟类保护区的群鸟、哥特式农场的鹅群成了游客们十分欣赏的地方。

夏洛特堡

柏林境内的皇宫著名的有夏洛特堡。夏洛特堡建于1695年，是腓特烈一世为其妻子索菲·夏洛特所建的行宫，后经陆续增建，到腓特烈·威廉三世时形成现今的规模。目前有三个主馆开放参观，包括皇室的寝宫、浪漫主义美术馆以及史前历史博物馆等，至今这里仍保存着许多普鲁士王朝时期的珍奇艺术品。

柏林的夏洛特堡

科隆大教堂
The Great Cathedral of Koln
—— 无法逾越的哥特式建筑巅峰 ——

科隆大教堂位于德国莱茵河畔的科隆市中心。这座被誉为"科隆的灵魂"的大教堂不仅是德国最大的教堂,也是世界最高的教堂,被称为"最完美的哥特式大教堂",并与意大利米兰大教堂、梵蒂冈圣彼得大教堂并称为"欧洲三大教堂"。历经600多年打造与雕琢的科隆大教堂,作为中世纪哥特式教堂的完美典范与不可逾越的巅峰,体现着那个时代人们激情式的信仰——把无限的崇高精神种植在心灵中,并真诚倾其所有向它靠拢,满心希望最终达到灵魂的飞升、净化。

雕花窗饰

大教堂南北侧堂绘有《圣经》故事的彩绘玻璃窗,花样繁复,色彩绚丽,有100~400多年的历史。

悠悠建造史

科隆大教堂正式的名字叫"圣彼得教堂",始建于1248年,并且是建于加洛林王朝希尔德大教堂遗址之上的。当时负责设计科隆大教堂的建筑师盖哈尔德深受法国哥特式建筑风格的影响,为科隆大教堂画下了更加宏大的蓝图。但无论是在盖哈尔德本人还是此后许多建筑师的接掌之下,教堂的修建进度都十分缓慢。直到1560年,教堂内大厅才基本竣工,后又因宗教改革运动而中断工程。直到1880年,当威廉一世将最后一块基石放置于南钟塔时,建造了632年的大教堂终于象征性地完工了;而事实上,小规模的修缮工程仍在继续。科隆大教堂不仅打破了建造时间的历史纪录,而且它更是一部凝聚无数后继设计者、建造者艺术精华的优秀建筑,是一种代表了欧洲基督教精神持久不变、经久不衰的力量。

完美的构造

这座完美的哥特式大教堂,东西长约145米,南北宽约86米,占地面积约8000平方米,建筑本身占6000平方米。教堂全部由磨光石块砌成,

仰止教堂内部

外观巍峨而又不失雅致、轻盈,教堂中央是两座与门墙连砌在一起的尖塔,两塔均高161米,是全欧洲最高的尖塔,它们就像两把锋锐的剑直刺苍穹。钟楼就在这两座尖塔上,共有5口大钟,最重的一口"圣彼得钟"重达24吨。当大钟齐鸣时,声音响彻云霄,回荡于莱茵河畔。

彩绘玻璃窗 教堂内罕见的五进式设计使空间挑高又加宽。教堂内共有10座礼拜堂,其中,中央大礼拜堂穹顶高43米,中厅跨度15.5米,是目前尚存的最高中厅。在教堂四壁上方有总面积达1万多平方米的窗户,全部装饰着绘有《圣经》人物的各种颜色的玻璃,色彩十分绚丽,这种风格被称为"法兰西火焰式"。当阳光经过这些彩窗射入时,斑斓的色彩营造出仙境般的光芒。

不朽的艺术珍藏

大教堂内部有极多的艺术珍藏。现在教堂内仍保存着第一位建筑师盖哈尔德设计教堂时的羊皮图纸,为研究13世纪的建筑和装饰艺术提供了重要资料。在教堂祭坛内摆放的是被视为首批基督徒"东方三王"的遗骸。存放遗骸的盒子是由中世纪著名银匠尼古拉斯冯·凡尔登花了近半个世纪完成的杰作,通体以黄金打造,并用150颗宝石装饰。金匣及其不同凡响的存放物,奠定了科隆大教堂的精神地位。此外,教堂内还有唱诗班回廊宗教画、雕像圣体匣和福音书等古老珍藏,都具有很高的宗教与艺术价值。

可以说科隆大教堂在当时欧陆所有哥特式建筑中,已经达到了无可逾越的巅峰。

教堂侧面

科隆大教堂
所属洲 欧洲
所属国 德国
地点 莱茵河畔的科隆
列入名录年份 1996年
文化遗产 科隆大教堂本身及其所保有的艺术珍品。
意义 哥特式和新哥特式建筑的典范,也是19世纪民族主义的实例。

奎德林堡
Castle & Old Town of Quedlinburg
——木框架建筑的百科全书——

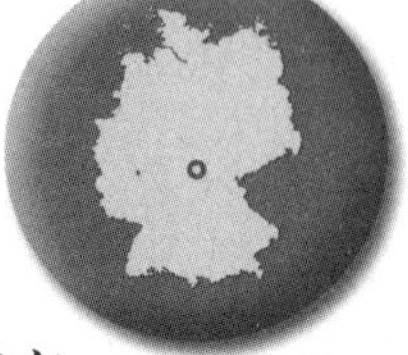

奎德林堡位于北德中部，属萨克森·安哈尔特州，地处哈尔茨山的边缘，波德河河畔。曾经是帝国首都和贸易中心的奎德林堡，从中世纪开始就一直是个繁荣的商业城市。数量众多的精巧而又光鲜的木制住宅沿着城市弯曲的街道与城市广场接壤。同时，罗马风格、哥特式风格、文艺复兴风格和巴洛克风格的建筑遍布整座城市，形成了奎德林堡独具特色的城市景观。

奎德林堡
所属洲 欧洲
所属国 德国
地点 萨克森·安哈尔特州的奎德林堡
列入名录年份 1994年
文化遗产 遍布古城内的15～18世纪的木框架房屋，包括圣维尔佩尔蒂修道院、圣尼古拉礼拜堂、圣殿山上的宫殿和圣塞尔瓦蒂乌斯教堂等。
意义 以大量木框架建筑成为中世纪城市景观非同寻常的见证。

奎德林堡发展史

奎德林堡的历史可以上溯到10世纪，国王亨利一世时，在一座山的侧面建造了城堡。公元936年，奥托大帝在同一座山的顶峰建立了圣塞尔瓦蒂乌斯修道院，这座修道院的影响扩展到整个王国乃至整个帝国。因为几个世纪以后，查理曼帝国成为了闻名世界的神圣罗马帝国。公元944年，奎德林堡获得了公民权利证书，保证了城市在北海和阿尔卑斯地区之间贸易的开展，奎德林堡迅速地发展了起来。12世纪，奎德林堡开始在靠近波德河东岸的地区扩展。1330年，人们修筑了城墙，圈住了城市的两部分。1384年，奎德林堡成为低地萨克森联盟城市的一员。1426年，

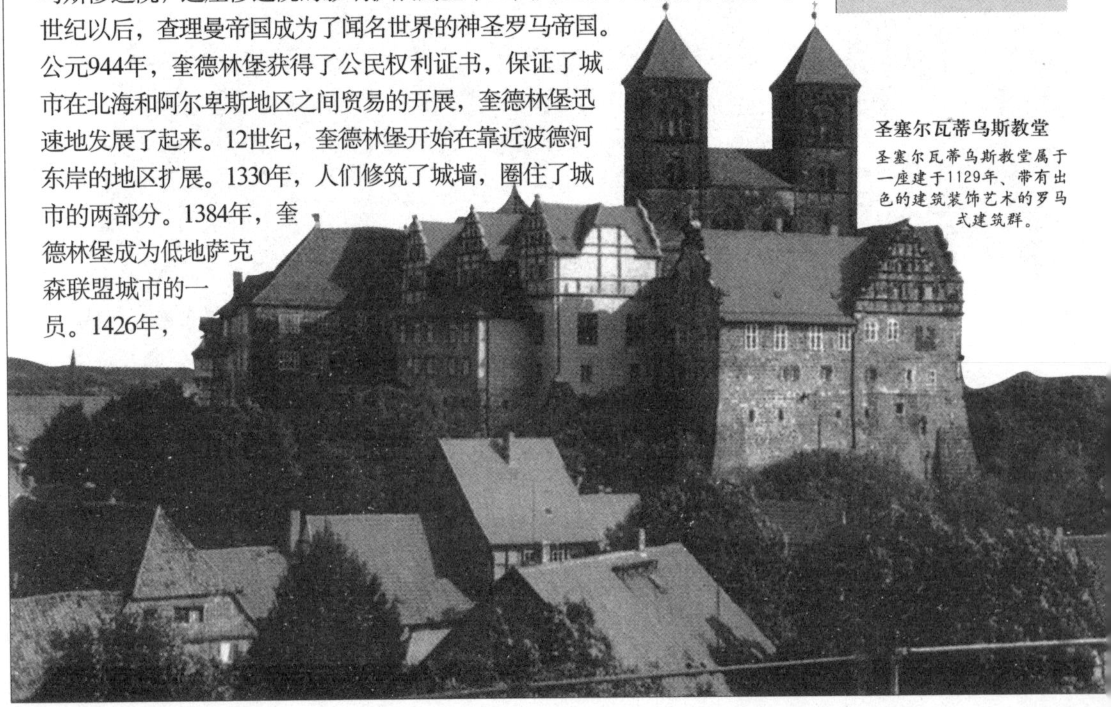

圣塞尔瓦蒂乌斯教堂
圣塞尔瓦蒂乌斯教堂属于一座建于1129年、带有出色的建筑装饰艺术的罗马式建筑群。

奎德林堡的木结构房屋精致而鲜艳。

这些小木屋造型古朴,不仅能承担垂直荷负,也能很好地抵抗横向风力的摇撼。

城市又成为汉萨同盟的成员。在16和17世纪,城市的经济地位依然在提高,而且出现了新型的半露木房屋。1618年,包括普鲁士公国在内的各公国开始扩张,奎德林堡于1802年合并到普鲁士王国。

城市格局

奎德林堡城中既有建于10世纪的狭窄、曲折的巷道,又有建于12世纪的经过统一规划的新建部分,这形成了中世纪时期的城市格局。此外,由于奎德林堡是在贝斯滕道尔克城的基础

奎德林堡老城

上发展起来的,而贝斯滕道尔克城本有两个居住区,一个是商人居住区,另一个是由逃避战乱的农民组成的居民区,因此,奎德林堡的广场、教会、市政厅都是两个,甚至连市长也是两个。而最让世人瞩目的是:在这座城市的古老内城里,集中了6个多世纪以来的木框架房屋,其保存完好的木结构建筑无论在数量还是质量上,都是中世纪欧洲城镇建筑的典范。

木构房屋 占地近80万平方米的古镇中约有1200间建于15世纪的木房子,它们由木头、黏土和石块的混合材料构建,柱、梁的结构风格一直延续到19世纪。因此人们顺理成章地把奎德林堡称作"木框架建筑的百科全书"。这些木制房屋在本质上不过是一个充实了的梁木构架,立柱式门梃装在门槛上,下面用底撑支持,上面则用角撑架住梁木。房屋的角落处用双梁加固,梁与梁之间的格子填以黏土和砖,楼层呈阶梯状立于胡同和大街上方,瓦屋顶犹如深浅不一的拼缝地毯。这些建筑物形成了一个有机体,统一了功能、形状和结构,这正是奎德林堡建造木框架房屋的指导思想。这些木框架房屋堪称"现代预制式建筑的先驱"。

圣塞尔瓦蒂乌斯教堂 圣塞尔瓦蒂乌斯教堂是一座内屋顶为平面状的罗马式建筑,矗立在旧城上方,其尖塔骄傲地俯视着这座城市。它似乎在向人们宣告,它不仅是该市最古老和最高的建筑,更是多变历史的见证者。此外,这里长眠着德国第一代国王和王后,开创了在教堂安葬王室成员的先河。教堂建有三廊式地下祭室,除国王、王妃的墓外,还有历代修道院院长的纪念碑。教堂的侧廊保管着教会的宝物,除了19位圣人的遗物之外,还有圣塞尔瓦蒂乌斯的遗物箱和《撒母尔圣福音集》手稿本。

华沙历史地区
Historic Center of Warsaw
——浴火重生的中欧古城——

圣约翰教堂

维拉努夫宫

波兰首都华沙市拥有170万人口，是波兰最大的城市，也是波兰政治、经济、文化的中心。华沙历史地区位于华沙市中，地处波兰中部平原，维斯瓦河由南向北纵贯该地。这一地区是波兰最古老的地方之一，初建于13世纪，1596年始为首都；1655～1657年瑞典战争时遭严重破坏，以后又屡遭强国入侵和瓜分；1918年波兰复国后，再次被定为首都；第二次世界大战期间又遭到毁灭性破坏；战后，建筑物依原样在废墟中快速重建。浴火重生的经历证明了波兰民族顽强、坚韧的生命力。

华沙历史地区
所属洲 欧洲
所属国 波兰
地点 维斯瓦河畔的华沙
列入名录年份 1980年
文化遗产 进行历史性重建的华沙古城，包括故宫城堡、城堡广场、圣约翰教堂、古城集市、城内最古老的房子"圣安娜"以及城墙大门等防御建筑。
意义 13～20世纪一个历史城市中心成功重建的典范。

废墟中重生

华沙古城在历史上就是一座频繁遭到入侵与破坏的城市，并且在战争中一度成为废墟。但顽强的波兰人民下了"连城上的一条缝也要原原本本地复原"的决心，他们进行了持续的修复，使古城得以在废墟中重生。迄今，波兰人民已修整了近700座建筑，因此，华沙依然是欧洲几个保持中世纪轮廓的城市之一。而华沙所特有的文化性与科学性的气质，更使其成为中欧著名的历史文化中心。

波兰故宫

维斯瓦河西岸集中了中世纪巍峨壮观的红色尖顶建筑群，素有"波兰民族文化纪念碑"之称的古城堡——波兰故宫就坐落于此。故宫建于13世纪末，平面呈五边形，内有庭院，外有花园，建筑雄伟，环境优美。1569年，奥古斯特·西基斯蒙德

浴火重生的华沙生机盎然。

古香古色的华沙建筑
华沙的重建为此后历史城市的保护提供了一个有力的实证。

将这座哥特式城堡改建为文艺复兴式宅邸。自1596年首都由克拉科夫迁至华沙后，城堡又经扩展。一直以来，它是君王居住之地，后又曾成为国会所在地。宫内有大小房间300个，精致美观，富丽堂皇。房内陈列着国内外名家、巨匠们的油画、雕塑、挂毯、吊挂、时钟以及国王、王后使用过的家具。

圣约翰教堂

圣约翰教堂是华沙最古老的教堂，初建于13～14世纪，1836～1842年改建为哥特式教堂，第二次世界大战期间遭到破坏，后经重建，恢复原有风格。整个建筑呈红色，入口处左侧的穹顶下有多座名人的墓碑和石棺。教堂内的主圣坛由银板构成，巴洛克式的巴雷奇卡小教堂在主圣坛左侧；另外还有圣礼小教堂，内有17世纪的基督受难像。数世纪来，圣约翰教堂一直是波兰政治和宗教活动的中心。

圣十字教堂

圣十字教堂虽然看来规模不大，但却是华沙最有名的一间教堂，因为里面藏有波兰最伟大钢琴家肖邦的心脏。肖邦在巴黎去世后，人们根据他的遗愿，把他的心脏带回波兰安葬。这间教堂曾经是肖邦居住过的地方，因此就把他的心脏存放于这里的墙壁中，但因战争的关系曾一度被取出；目前继续保存在教堂左边第二根廊柱中，廊柱上雕有肖邦的生平图。

其他宫殿

华沙市内还有许多中世纪和文艺复兴时期的建筑，克拉辛斯基宫是华沙最美丽的巴洛克式建筑，瓦津基宫是波兰古典主义建筑的杰出代表。而坐落于华沙近郊的维拉努夫宫则是又一组造型别致、雕塑精美的巴洛克式建筑群。宫内雕塑精美，宫周围有花园环绕，园中山水相映，红花碧草，优美如画。1945年，维拉努夫宫被辟为国立博物馆分馆，藏有珍贵的历史文物。

雕塑

除了建筑，华沙到处耸立着纪念碑、雕像或铸像。维斯瓦河畔的美人鱼青铜雕像，既是华沙城徽，也是波兰人民英勇不屈的象征。瓦津基公园中的肖邦铜像，诗意般地立在巨大的喷泉旁。此外，市内还保存有著名物理学家、诺贝尔奖获得者居里夫人和大音乐家肖邦的故居，还有波兰国家博物馆、波兰军事博物馆及市内最高建筑——高达230米的文化科学宫。

素有"波兰民族文化纪念碑"之称的波兰故宫城堡及其广场

金德代克风车群
Mills of Kinderdijk
—— 荷兰的"商标"——

荷兰位于欧洲西部，东接德国，西、北濒临北海，南与比利时交界，面积4万多平方千米，人口1500多万。荷兰地貌的主要特征是地势低平，全境有1/3的土地仅高出海平面1米，海拔在50米以上的地区不到20%，这种地貌使其经常遭到潮汐的袭击。几百年来，荷兰人民就与潮水进行着不屈不挠的斗争。终于，他们从大海中取得了近乎国土面积1/3的土地，而风车在"围海造田"中功不可没。在荷兰，一直流传着这样一句话："上帝创造了人，荷兰风车创造了陆地。"

风车发展史

早在15世纪，荷兰人就把磨粮食的磨坊发展成最初的汲水设备，即一种借助于风力的"磨水"风车，它的功能是给地势低的围垦地排水。17世纪初，人们更加完善了围垦地排水的技术，他们将多个风车一个接一个地排列起来，这就诞生了所谓的"风车道"。很多年来，这种道路在沼泽地区是很典型的。到18世纪中叶，荷兰的风车多达1万座。在没有电力的古代，荷兰人就依靠着巨大的抽水风车围海造田，不断扩大自己的生存空间。

金德代克小镇

在荷兰，金德代克的风车最为有名；甚至可以说，在世界范围内，没有任何一个地方的风车会比这里的还多。金德代克位于鹿特丹附近，是一个小村镇，正好坐落在被称为"阿尔布拉瑟丹低田"的地区。这一地区的海拔高度低于海平面，因此在历史上，一直是洪水多发区。大约在1740年，至少有19个坚固的风车建设在这里，用于将多余的水抽出，然后再排放在一个存水区中。一旦该存水区的水位达到一定高度，人们就再一次将水从存水区中抽出，排放到河流中。值得庆幸的是，大部分风车保存至今，依然完好无缺。

如果没有这些高高耸立的抽水风车，荷兰人民无法从大海中取得近乎国土面积1/3的土地。

"十字架风车"

金德代克风车的式样很多，而常见的风车多带有一个十字架形的车翼。车翼安装在石块砌成的基座上，基座多呈八角或圆锥形，粗壮、高大，有4层楼那么高。每个基座都是一个风车塔房，设有工作室和生活场所。风车每个翼片上安装着细木条方格支架，上面蒙上帆布，用来集中风力，使之转动。人们在风车沉重的、呈筒状的支架上钻洞，在筒里向下拉动的轴上可以安装多个齿轮，这些齿轮再推动抽水轮或是"阿基米德螺杆"，将水从低地抽入较高的水道。风起时，塔房上端与车翼相接触的拱形圆顶会随车翼一起在风中转动，充分利用了风力。

抽水风车

金德代克抽水风车的运作分为两步。下游围垦地的风车把水抽到下游的水道，从那里开始，再经过另一个风车，把水抽入更高的水道。然后在浅水处，水经过一个泄水闸，排到河里。不论是冬天还是夏天，抽水风车不断调节水位，使围垦地最大限度地为农业生产服务。这始终是风车的任务，即使是在夜里，它也抽水不止。因此，为使风车更好地工作，每台风车都会设有风车工人负责值班。风车工人就住在风车塔房中。但是，这一切都已成为过去，在电脑时代，"风车工"的职业已经消失；现在，抽干围垦地水的任务是由电脑加水泵来完成的。

风车是荷兰民族的骄傲与象征，也是荷兰文化的传承与张扬。

风车日

虽然荷兰已是一个现代化的国家，但令人惊奇的是，它并未失去其古老传统，象征荷兰民族文化的风车，仍然忠实地在荷兰各个角落运转。漫游于这个"风车王国"之中，你会发现，在绿草飘动的草原和运河的背景中，映衬着风叶转动的风车景象，是最典型的荷兰风光。荷兰人感念风车是他们发展与生存的"功臣"，因而确定每年5月的第二个星期六为"风车日"，这一天，全国的风车一齐转动，举国欢庆。美丽而古老的风车是荷兰民族精神的象征，也是荷兰人的骄傲。风车展示了荷兰人的勤劳、智慧和勇于同自然抗争的精神，同时也给荷兰人带来了创造辉煌明天的希望，不愧为荷兰特有的"国家商标"。

金德代克风车群
所属洲 欧洲
所属国 荷兰
地点 鹿特丹之东南的金德代克
列入名录年份 1997年
文化遗产 金德代克－埃尔斯豪特在围垦地建造的19个风车磨房。
意义 是人工制作的突出景观，它展示了人类的独创性和坚韧性。

因为荷兰地势平坦，并多风，因而风车更易得到普及。

布鲁塞尔大广场
Grand-Place, Brussels
世界上最美的广场

布鲁塞尔是比利时王国的首都，是比利时政治、经济、文化与金融的中心。比利时位于西欧的中心地带，布鲁塞尔作为这个有"欧洲心脏"之称的王国的首都，欧盟与北约的一些重大政治、经济及军事问题都在这里商讨决定，"欧洲原子能联营"与"比荷卢经济联盟"的总部就设在这里。因此，布鲁塞尔被称为"欧洲的首都"。而布鲁塞尔大广场就位于这座美丽城市的中心。广场四周耸立着哥特式、文艺复兴式、路易十四式等风格的建筑物，使人有置身于中世纪的感觉。法国著名作家维克多·雨果曾盛赞布鲁塞尔大广场为"世界上最美的广场"。

布鲁塞尔第一小公民
这座铜塑像正是被比利时人引以为豪并誉之为"独立精神象征"的布鲁塞尔第一公民——小于廉。

天鹅咖啡馆

布鲁塞尔广场一侧有一座五层的建筑物，那就是著名的天鹅咖啡馆（现在也叫"天鹅餐厅"），它曾是马克思和恩格斯当年居住和工作的地方，因门上饰有一只振翅欲飞的白天鹅而得名。1845年2月，马克思由巴黎迁居布鲁塞尔；同年4月，恩格斯也迁来于此。此后，天鹅咖啡馆成为他们共同创建"共产主义通讯委员会"和"德意志工人协会"的重要地方。在此期间，马克思写出了著名的《哲学的贫困》和《共产党宣言》等作品。

举世闻名的布鲁塞尔大广场长不到百米，宽40米左右，地面用花岗石铺就。

布鲁塞尔大广场
所属洲 欧洲
所属国 比利时
地点 布鲁塞尔市中心
列入名录年份 1998年
文化遗产 大广场及其周边的市政厅、法皇路易十四行宫、17世纪职业行会会址、中世纪石质建筑等建筑物以及附近的"第一小公民"于廉的塑像。
意义 环广场保存有众多珍贵的中世纪建筑，充满了独特的中欧艺术风情。

布鲁塞尔市政厅

布鲁塞尔市政厅

在广场的南侧,耸立着一座巍峨古朴的大厦,这就是始建于1402年、于1480年完工的布鲁塞尔市政厅。这是一座典型的古代佛兰德哥特式建筑,造型宏伟,空灵高耸,引人注目。市政厅大楼上面的厅塔高91米,顶上有5米高的布鲁塞尔城守护神圣·米歇尔的铜像。由于市政厅曾分三个时期建成,因此,在扩建和整修的过程中便造成了厅塔与大门、侧门位置的偏离,建筑师亦因此跳楼身亡。可是,早逝的设计者未曾想到,这幢楼高大美观的造型、精致华丽的内部修饰,带给了人们极大的艺术享受,足以弥补因"偏离"造成的遗憾。

华美的楼内装修 市政厅大楼内厅的装修十分精美,天花板上绘制的图案美妙绝伦,栏杆花纹雕刻精细,雪白的大理石楼梯像一条银蛇蜿蜒而上。走廊里布满五彩缤纷的画像。在许多巨幅肖像画中,有比利时的君主,有曾经统治过布鲁塞尔的西班牙、荷兰、法国等国的国王,还有横扫欧洲大陆、被称为"一世之雄"的拿破仑的画像。而且,厅内各个房间里还陈列着种类繁多的艺术珍品。其中,有一间约35平方米的副市长办公室,它就像一座小巧的展览厅,墙上挂着一幅巨型珍贵挂毯,略微褪色的画面上描绘了中世纪人民的生活情景;后墙上是名画家鲁本斯(1577~1640年)的一幅大型油画;房间一角还有一座身穿盔甲、手执长矛、骑着骏马的武士铜像,正是历史上曾经占领过布鲁塞尔的法国国王路易十四的雕像。

"布鲁塞尔第一小公民"

在大广场附近的埃杜里弗小巷里,有一尊被誉为布鲁塞尔象征的塑像,这就是有"布鲁塞尔第一小公民"之称的尿尿小童的塑像。这座塑像建于1619年,是雕塑大师捷罗姆·杜克思诺的作品。塑像身高约50厘米,头发微卷,鼻子上翘,嘴角挂着微笑,赤身露体,叉腰挺肚,旁若无人地不断撒尿(自来水)。关于立像的传说很多,其中有一个是这样的:西班牙入侵者撤离布鲁塞尔时,欲用炸药把城市夷平,幸亏一个勇敢的小孩夜出撒尿,把导火线浇湿,城市才得以保存,而小孩却中箭身亡,因此立像悼念。到了每年的狂欢节,这个可爱的小男孩改撒一天啤酒。届时,游人到这里争相饮用,形成一大景观。人们喜爱这个小男孩,便赋予他情感和生命:冬天怕他冷,争相赠送御寒的衣服给他。自从巴伐利亚总督将自己民族的一套刺绣礼服送给小男孩后,来自世界各地的来访者都曾把本民族最漂亮的服装送给小男孩,布鲁塞尔的一个博物馆还专门展出这些服装。

大广场"鲜花地毯节"

布鲁塞尔大广场既是布鲁塞尔市的第一大市场,也是全市市民的活动中心。每逢星期天,大广场会有花鸟集市,百花斗艳、群鸟争鸣。每隔两年的8月,布鲁塞尔市政府还要在大广场举行"鲜花地毯节"。届时,人们将鲜花"地毯"铺于广场的中心,展示着世界最大"地毯"的独特魅力。在"地毯"的中间还有三个圆形喷泉不断地落珠溅玉,景色和谐优美。而且,"鲜花地毯节"每届一个主题,其中1988年的主题是"中国",图案便取自中国新疆的地毯。

夜幕下的布鲁塞尔广场

亚眠大教堂
Amiens Cathedral
——基督教世界雕饰艺术的宝库——

亚眠大教堂是法国最大的教堂，位于皮卡第地区中心，是13世纪最大的古典哥特式建筑之一，在建筑形式和艺术成就上堪称"欧洲哥特式建筑的经典之作"。亚眠大教堂的雄伟精致与深远厚重使其得以名垂青史，成为基督世界的骄傲。亚眠大教堂能有如此巨大的影响力，除了市民的信仰热情外，还有个不可或缺的原因。1206年，一位来自该地区的教会执事瓦隆，在第四次十字军东征时自君士坦丁堡带回了为耶稣施洗的先知——施洗者约翰——的遗骨；从此，亚眠大教堂便成为除耶路撒冷、坎特伯雷、科隆、罗马等地之外的另一重要朝圣地。

亚眠大教堂
所属洲 欧洲
所属国 法国
地点 皮卡第地区中心
列入名录年份 1981年
文化遗产 哥特式大教堂，包括教堂内众多的艺术珍品、教堂内外4000多座塑像及大教堂广场等。
意义 法国最大、世界第四的大教堂，并且保存有圣经先知的遗骨。

教堂规模

亚眠大教堂兴建之前，其原址处已有一座罗马风格的教堂，1218年原教堂因遭受雷击被摧毁。重建工作开始于1220年，除了因资金不够停工18年外，教堂真正兴建的时间不过30年，也正因如此，大教堂维持了相当完整的哥特式风格。亚眠大教堂占地面积广达9200平方米，几乎是巴黎圣母院、沙特尔大教堂的两倍。中世纪时，它容纳全城的百姓还绰绰有余。教堂东西长145米，其整个平面呈拉丁十字状。大教堂坐东朝西（向着耶路撒冷），由西面起先是主堂，接着是与主堂呈垂直状的翼廊，祭坛大多位于此处，由上往下看正好位于拉丁十字形的正中央。祭坛后为昔日教士祈祷所在地的唱诗席，唱诗席之后则是教堂东端凸出的半圆形顶室，这里是一连串小教堂的所在地。

气势恢宏的教堂中堂

不朽的木雕刻艺术

教堂内部是明显的业已完善的哥特式设计风格，例如唱诗席中教堂拱门上的三拱式拱廊；较高的上半部分因为天窗的存在而使其色彩显得比较辉煌明亮，因此教堂内部看上去仿佛可以分为上下两层，体现了哥特式建筑的独特之处。亚眠大教堂从里至外，到处是精美的雕刻制品，林林总总，多达4000多处。这些雕刻被称为"亚眠圣经"，因为这些木雕石刻生

教堂正门上的雕像

动地再现了圣经中的几百个故事。这在当时,对于中世纪那些众多不识字的教徒来说,是一套活生生的圣经;而从现代意识的角度来看,亚眠大教堂则是一座辉煌的艺术殿堂。

唱诗席 由于年代久远,亚眠大教堂内的艺术品涵盖了多个历史时期的不同风格。亚眠大教堂内部唱诗席屏风上的众多浮雕是最重要的艺术品。这片浮雕是以亚眠第一位主教"圣福民"为题、有如连环故事般的浮雕,具有极高的考古价值。在法国大革命时雕像被损坏,19世纪后才加以修复。唱诗席北面的浮雕制作于1531年,是以亚眠大教堂的镇堂之宝"施洗者约翰"为主题的。生动的雕刻为中古不识字的人们讲述了约翰的故事,其中最有名的当属位于唱诗席后的哭泣天使像。

木隔间 唱诗席北、西、南三个方向有三排四个座椅的隔间,是当年教会人士祈祷的地方。这批制于16世纪的木隔间,是同时期木雕的极品。隔间共110个,其中有两座大隔间,是当年国王和教会的上层人士才能坐的位置。庞大的木隔间刻满了圣经故事,其精巧的设计全法国无出其右。教堂中还有少数源自中古时期的彩色玻璃,但大多已毁于第一次世界大战的一场大火。

外观雕刻 亚眠大教堂的艺术成就更在于其精致壮美的外观雕刻。教堂正西面面向广场的一侧大门上雕有法国22位国王的雕像。在国王雕像群之上为巨

教堂正门

大的玫瑰花窗,这扇花窗是法兰西火焰式风格。国王雕像之下为三扇拱门,其中正门雕刻装饰以基督为主题,除了一般的"十二门徒"、"最后的审判"等故事外,大门正中央更有一尊闻名遐迩的基督雕像。这尊13世纪的杰作无疑是同时期最伟大的雕刻,据说当年雕刻师的灵感来自梦中基督的启示。而右边拱门则以圣母为主题,除了有"天使告知圣母受孕"的故事外,还有"三王来朝"的故事。左边的拱门则以亚眠第一任主教为题。大教堂南面大门上还有一尊原来以镀金雕饰的圣母像,但由于年代久远,除了依稀可见的金痕外,雕像已还原为石头本色。

亚眠大教堂不仅是法国最大的教堂,同时也是法国最美的教堂之一。教堂门洞里表现宗教题材的雕像极其突出,它们还因此被称为"石头上的百科全书"。

巴黎的塞纳河畔
Paris, Banks of the Seine
法兰西的艺术宝库

法国四大河流之一的塞纳河是法国最负盛名的河流，全长776千米，从西向东北流过巴黎市区，在巴黎市区约有13千米。塞纳河川流不息，滋润、呵护着法兰西大地，人们也无限热爱、依恋着这条母亲河。而塞纳河沿岸众多的名胜古迹及艺术珍品，则构成了世界上珍贵而又庞大的艺术宝库。

埃菲尔铁塔耸立在巴黎市区塞纳河畔的战神广场上。塔分三层，每一层都设有酒吧和饭馆供游客小憩，以领略独具风采的巴黎市区全景。

"塞纳河的女儿"

约两千年前，巴黎还是塞纳河中间西岱岛上的一个小渔村。公元前1世纪，罗马人在此定居并逐渐将其发展为城市，公元3～4世纪时命名为"巴黎"。从公元6世纪起，巴黎开始成为法国的王都。11～12世纪时，巴黎沿着塞纳河发展起来，从此历代国王大兴土木，相继建成教堂、博物馆、桥梁等各种建筑，不断向外扩张蔓延，成就了今天的巴黎。从这个意义上讲，塞纳河是巴黎的发祥地，巴黎正是"塞纳河的女儿"。巴黎塞纳河沿岸名胜古迹众多，塞纳河自身及两岸风光，构成了温馨、祥和、丰富的人文景观。河左岸有巴黎圣母院、埃菲尔铁塔、奥赛博物馆等名胜；河右岸是城市的繁华地带，有著名的卢浮宫、协和广场、香榭丽舍大道、凯旋门、星形广场等景观。

埃菲尔铁塔

建于1889年的埃菲尔铁塔是巴黎最高的建筑物，也是巴黎的象征，它是为纪念法国大革命100周年而建的。铁塔的塔基占地约1万平方米。四座塔墩均为水泥浇筑，塔身全部为钢架镂空结构，分三层，共有1.2万个金属部件，用250万只铆钉连接，总重9000吨左右。铁塔是巴黎最为耀眼的地标，没有了埃菲尔铁塔的巴黎就像失去金字塔的埃及一样，对法国人而言是完全无法想像的。

塞纳河畔的巴黎圣母院
塞纳河畔的巴黎圣母院建筑在巴黎的发祥地——西岱岛上。圣母院建筑结构严谨，气势恢弘，令人油然而生敬畏之心。

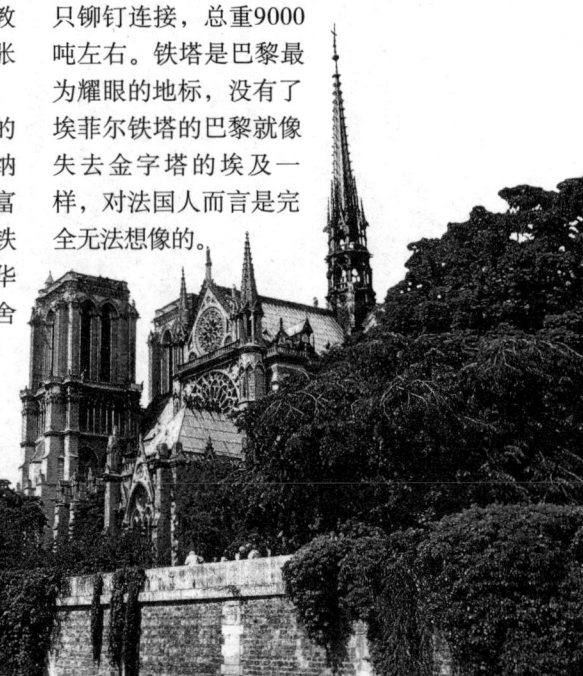

巴黎圣母院

巴黎圣母院坐落于巴黎市中心塞纳河上的西岱岛,修建于1163～1345年,是世界著名的天主教堂。圣母院占地5500平方米,正门向西,共分三层。最底层并排着三个桃花形门洞,左门为"圣母门";中门为"最后审判门";右门为"圣安娜门"。中层两边各有一对窗户,中间是一个直径10米的玫瑰圆窗。第三层是许多美丽的栏杆。教堂建于1330年的两座钟楼均高69米,南钟楼的巨钟重13吨,北钟楼则设有一个387级的楼梯,后面有高达90米的尖塔。教堂内的大厅长130米,宽50米,内部装饰极为朴素,可容纳9000人。巴黎圣母院以其独特的哥特式建筑风格开欧洲建筑史一代新风,也是巴黎最负盛名的古代胜迹。

卢浮宫

卢浮宫始建于13世纪,原为法国王室的城堡,后被充当为国库及档案馆,1546年时曾被改建,从而使其具有了文艺复兴时期的风格。后来,经历代王室多次扩建和法国大革命的动荡,到拿破仑三世时,卢浮宫的整体建设才算完成。1793年8月10日,卢浮宫艺术馆正式对外开放。从那时起,这里的收藏不断增加,现在的收藏量已达40万件,并分为许多的门类品种,更有数量惊人的王室珍玩以及绘画精品,因此卢浮宫号称"万宝之宫"。

卢浮宫目前已经成为世界三大博物馆之一,其艺术藏品种类之丰富、档次之高堪称世界一流。卢浮宫正门入口处有一个透明"金字塔"建筑,它的设计者就是著名的美籍华人建筑师贝聿铭。

卢浮宫内景

右岸的其他风光

凯旋门始建于1806年,是拿破仑一世为纪念奥斯特利兹战役大捷而建的,门高49.54米,宽44.82米,是拿破仑伟绩的象征。凯旋门周围是著名的"星形广场"(又名"戴高乐广场"),广场周围有12条大街呈辐射状向四面伸展开。沿香榭丽舍大道向东可达协和广场,广场建于1757～1799年,呈八角形,八个角上分别放置八尊女性塑像。广场中央耸立着一块从埃及尼罗河沿岸卢克索神殿搬来的埃及方尖碑。穿过协和广场就来到著名的亚历山大三世桥。桥长107米,南北桥头竖立4座塔桥,塔顶青铜飞马,展翅欲飞,桥上还刻有"狮座情侣"雕像。横跨塞纳河上的众多桥梁使河上风光更加妩媚多姿。在香榭丽舍大道的东端,还有一处名胜,那就是可与美国的白宫、英国的白金汉宫和俄罗斯的克里姆林宫相媲美的"爱丽舍宫"。爱丽舍宫兴建于1718年,迄今已有300多年的历史。宫殿原为私人住宅,后历经沧桑,几易其主,最终成为法国的总统府,是法国最高权力的象征。宫殿占地1.1万平方米,并带有一个2万多平方米的恬静大花园。宫内的主楼是一座两层高的古典石制建筑,典雅庄重。每年9月份,爱丽舍宫将会向民众开放一次。

巴黎的塞纳河畔	
所属洲	欧洲
所属国	法国
地点	巴黎
列入名录年份	1991年
文化遗产	塞纳河沿岸众多的名胜古迹,包括国际广场、巴士底广场、卢浮宫、协和广场、爱丽舍宫、戴高乐广场、埃菲尔铁塔、巴黎圣母院、蒙马特高地等。
意义	塞纳河沿岸众多的名胜古迹以及古迹中收藏的数十万的艺术珍品是世界上著名和最大的艺术宝库,也是人类共同的珍贵财富。

凡尔赛宫及其园林
Palace and Park of Versailles
—— 璀璨华美的法式宫苑杰作 ——

凡尔赛宫坐落在巴黎西南郊的凡尔赛镇。这座17和18世纪欧洲最灿烂华丽的宫殿，是法国国力和王权发展至极的杰作。其法式的宫殿造型体现着以几何线条为基础的美学观念，成为当时各国王室竞相模仿的目标。自从1837年路易·菲利普宣布将此地作为国家历史博物馆以来，凡尔赛每年吸引着无数游客前来参观，成为世界著名的观光景点。这座气势恢弘、壮丽辉煌的欧洲皇家园林精品不仅是历代法国君王的权力象征，也是法国古典主义艺术最杰出的典范。

凡尔赛宫及其园林
所属洲 欧洲
所属国 法国
地点 巴黎西南郊的凡尔赛
列入名录年份 1979年
文化遗产 凡尔赛宫及其园林，包括国王的官邸和宫殿、大力神海格立斯大厅、战神玛尔斯大厅、镜厅、王后寝宫、路易十六的歌剧院和图书馆以及拥有喷泉、水池等设施的园林。
意义 欧洲皇宫的典范，法国沧桑历史的见证。

凡尔赛宫的兴起

凡尔赛宫是西欧最具豪华气派的巨型宫殿，也是西方古典主义建筑的代表。这里原是一个小村落，1624年，法王路易十三在此修建城堡，作为皇家狩猎时的行宫。路易十四当政时开始建造宫殿，1661年动工，1689年落成，历时28年，宫殿建筑面积11万平方米，园林面积100万平方米。整个建筑以东西为轴，南北对称，花园也是几何图形。在长达3000米的中轴线上，建有雕像、喷泉、草坪、花坛、柱廊等。宫殿主体长达707米，中间是王宫，两翼是宫室和政府办公处、剧院、教堂等，室内都用大理石镶砌，玉阶巨柱，并装饰以雕刻、挂毯及巨幅油画。

凡尔赛宫前的青铜塑像采用卧姿，与平展的水池和谐相依。

金碧辉煌的镜厅见证了历史的风雨。

凡尔赛宫殿

走进宫殿，可见宫内有大殿、小厅超过500间，里面陈设着世界各国的艺术珍品。最为著名的是位于中部的镜厅，也称"镜廊"。这是一间独具特色的大厅，厅内家具全部用名贵材料精雕细刻而成，并配以雕刻、挂毯和油画。

凡尔赛宫南公园位于宫殿左边的丘陵上,以栽植众多花卉而闻名。

在长73米、宽14米的房间里,拱形的天花板上绘满了反映中世纪晚期路易十四征战功绩的巨幅油画。但厅中最为引人注目的是与面向花园而开的17扇巨大拱形窗相对的17面巨型落地镜。这些落地镜由483块镜片镶嵌而成,能把对面窗外的蓝天、园景完全映照出来,这是凡尔赛宫胜于其他皇宫的地方。厅内两旁排着8座罗马皇帝的大理石半身像和8座古代天神的全身像,使大厅如梦幻般金碧辉煌。

宫殿园林

凡尔赛宫后面缓升的小坡上,就是风景如画的皇家园林。凡尔赛宫园林由人工大运河、瑞士湖和大小特里亚行宫组成,是法国式园林的经典之作。园林除雕像、喷泉、草坪、花坛和柱廊等建筑外,还有数量繁多的人工景色和散步场所。此处最显著的特色是喷泉、瀑布、河流、假山、亭台楼阁的和谐搭配,这使凡尔赛宫的园林成为欧洲古典主义园林艺术的杰出代表。园林的设计衬托出宫殿的巍峨壮丽,宫殿与园林相映成趣,相得益彰。漫步于园林中,人们恍若遁入瑶池仙境、世外桃源。

历史上的凡尔赛

凡尔赛宫闻名于世,不仅因其宏伟的建筑,而且还因为它是世界近代史的重要见证,与许多重大历史事件有关。1783年9月,英美停战后,在凡尔赛宫签订了承认美国独立的条约。在1870~1871年普法战争中,德军入侵巴黎城下,在凡尔赛宫设立了攻城司令部。1871年1月18日,德皇威廉一世在镜厅举行加冕典礼。1871年,梯也尔反革命政府盘踞在凡尔赛,策划对巴黎公社的血腥镇压。第一次世界大战结束后,1919年6月28日,协约国与战败的德国在镜厅签署《凡尔赛和约》。第二次世界大战后期(1944年9月到1945年5月),盟军总部设在凡尔赛宫。这座闻名遐迩的宫殿在300多年的历史中,几度兴衰,也历尽了沧桑。战后,人们对宫殿进行了大规模修缮工作,使庭院、宫殿大部分恢复了原貌,其中有60多个房间对外开放。如今,这里是法国总统和其他要人经常会面和举行宴会的地方,也吸引了每年几百万国内外游客来此参观游览。

来到凡尔赛宫的人,都会被它气宇轩昂的外观所震撼。

圣米歇尔山及其海湾
Mount Saint Michel and its Bay
——大天使的人间圣殿——

圣米歇尔山是法国西北部圣马洛湾中的一座花岗岩小岛,位于大西洋沿岸,面对英吉利海峡,距诺曼底海岸仅2000米。其闻名得益于有"西方奇迹"之称的自然景观和人工杰作——圣米歇尔山修道院。修道院远离繁华喧嚣的城镇,独踞一隅,四周环抱着茫茫的大海。它傲然独立,凭海临风,显得庄严、圣洁而又令人神往。在中世纪,圣米歇尔山成为成千上万信徒的朝圣地。今天,每年仍有大量的参观者虔诚而来,在修道院静穆超凡的氛围中求得心灵的净化和灵魂的超脱。法国前总统密特朗曾将其称为"法国的泰山"。

神圣的穹隆
高耸的穹顶足有两层楼高,那复杂的加肋设计提升了殿堂的视觉高度,构建出了轻巧优美而充满神圣感的空间。

修道院的传说

关于圣米歇尔山修道院,有过一个流传很广的传说。公元708年的一夜,在圣米歇尔山附近修行的红衣主教奥贝梦见大天使米歇尔手指沙滩上的一座小山,示意他在此修建教堂。起初,奥贝主教认为这只是一个梦,并未付诸实行。但在接下来的几天里,米歇尔天使三次出现在奥贝的梦中,并用手指在奥贝脑门上点出一个洞,奥贝这才恍然大悟,赶紧着手动工。圣米歇尔教堂浩大的工程就是从这一年开始的,并陆续进行了约800年,直到16世纪,圣米歇尔山修道院才真正完工。

修道院的修建

公元966年,诺曼底公爵查理一世

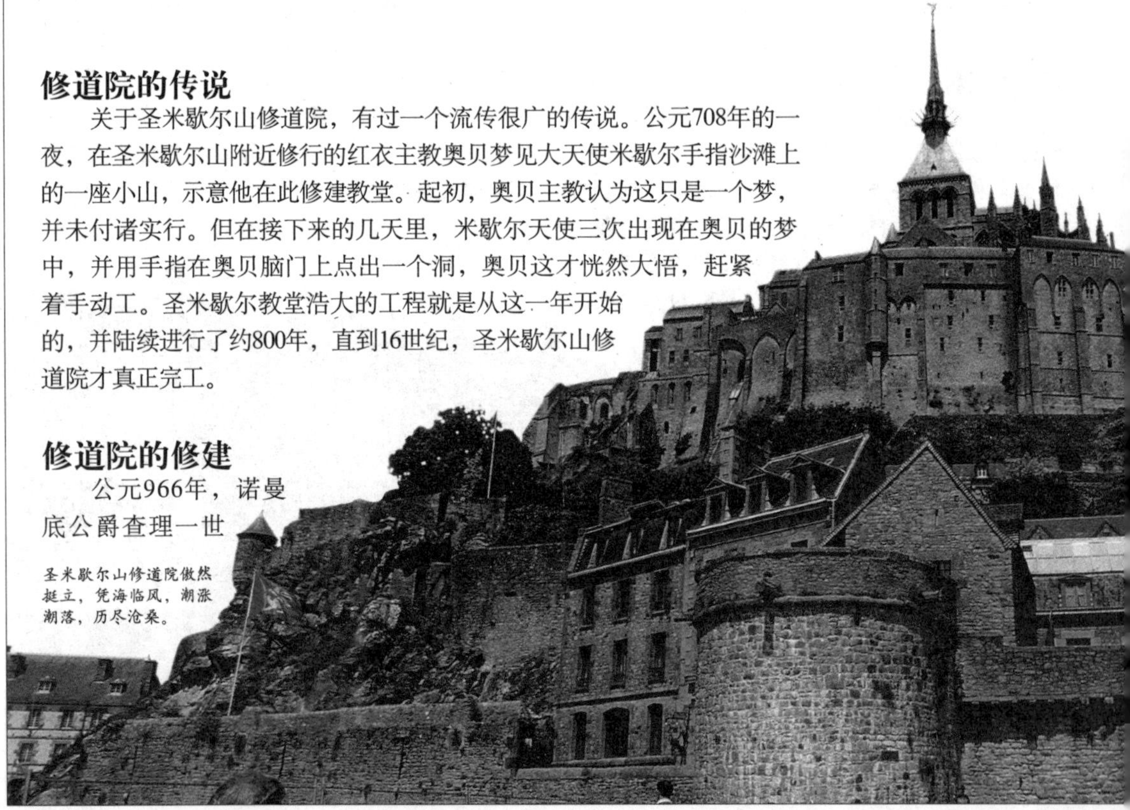

圣米歇尔山修道院傲然挺立,凭海临风,潮涨潮落,历尽沧桑。

在原来小教堂的基础上将其改建为修道院，后来又陆续扩建了礼拜堂、罗马式修道院、哥特式修道院等。1017年左右，圣米歇尔山修道院再次扩建，修道院正面增加了带有三扇拱门的大门廊，并使大殿呈宽阔的穹窿形，内壁也装饰上反映宗教生活的绘画和浮雕，布局匀称，颇具立体感。1337～1453年英法战争期间，修道院被加固并修建了自卫的高墙，但并未破坏其原有的庄严与肃穆。而法国骑士与修士们在此顽强抗击英军长达24年之久且始终未让英军踏上小岛的故事，则在圣米歇尔山历史上留下了悲壮而自豪的一页。法国大革命后，拿破仑还曾将这里当作监狱。

遥望圣米歇尔山，它就如同一个童话世界：周围是碧洋白沙，教堂钟楼尖顶上舒展着巨翼的天使成了一个明亮的光点与日争辉。

修道院建筑

圣米歇尔山修道院为三层楼建筑，朴实的罗马式外观与华丽的法兰西火焰式内殿形成鲜明的对比。修道院的三层建筑是当时修道院等级分明的反映。三楼建于13世纪初期，是修士的生活空间，修士们平常在这里运动、交谈和冥想，同时，这里也是只有修士才能进入的地方。中庭外围建有回廊，其细细的支柱上雕刻有精美的石质浮雕，值得品味流连。高耸入云的回廊出没在云雾中，似乎在天空和大海中"荡漾"。二楼有堪称哥特式杰作的贵宾厅，是用来接待富有或是具有影响力的贵宾、信徒的长方形沙龙，这一层还有被当作修士们书房及工作室的骑士厅。而下层则是给社会地位较低或是贫穷的朝圣者居住的地方。

修道院北侧是享有"西洋奇观"之

位于修道院二层的客房曾用来接待位高权重的贵宾和信徒。

美称的哥特式教堂，其顶端的塔尖上立有纯金打造的大天使米歇尔像，他手持利剑，展翅欲飞，庇护着诺曼底大地，引领人们进入天堂，免受恶鬼的诱惑。

海湾长堤

圣米歇尔山最富有神秘感的是它的"朝现夕隐"现象，或称"朝通夕绝"。白天大海退潮时，水落石出，通往小岛的唯一道路显现出来，人们可以长驱直入。到了黄昏便开始涨潮，天一黑下来，小岛就成了大海中的孤舟，游人若白天流连忘返，此时就会被困孤岛。19世纪后，一条人工长堤将圣米歇尔山和大陆连接了起来，"朝现夕隐"得以解决，但这却加速了海湾的淤塞。从此，圣米歇尔山一个月只有两次，即在满月和新月时才被人海环绕。

圣米歇尔山及其海湾	
所属洲	欧洲
所属国	法国
地点	法国西北部圣马洛湾
列入名录年份	1979年
文化遗产	圣米歇尔山修道院，包括要塞、修道院教堂、哥特式圣坛等建筑。
意义	天主教的一大圣地，建于小岛上的哥特式修道院是自然景观和人工杰作相结合的典范。

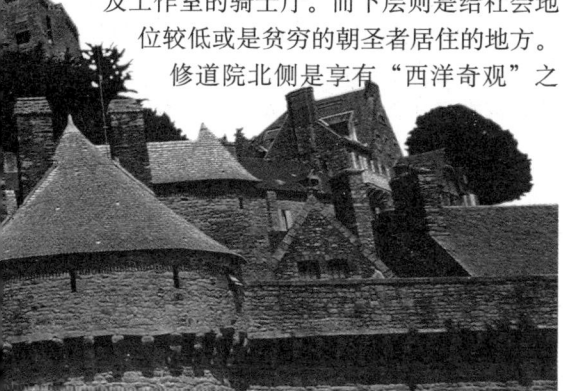

沙特尔大教堂
Chartres Cathedral
—— 中世纪哥特式建筑的范本 ——

沙特尔大教堂	
所属洲	欧洲
所属国	法国
地点	巴黎西南100千米
列入名录年份	1979年
文化遗产	哥特式的教堂建筑，具有一个饰以突纹的拱顶和多扇饰有精美浮雕的大门，以及南北两个钟塔，达2000平方米的彩绘玻璃窗等。
意义	法国12～13世纪哥特式建筑的典范。

沙特尔大教堂位于法国厄尔·卢瓦尔省的一座山上，距离巴黎西南100千米，是一座天主教大教堂。沙特尔大教堂集12～13世纪建筑、雕刻和玻璃艺术的精华于一体，以其宏伟壮观的教堂、生动的雕刻群像及梦幻般的彩窗共同组成了奇妙而又和谐的整体，是哥特式建筑和中世纪基督文明的辉煌成就，在美学、经济和科学技术上都是史无前例的壮举，其建筑风格深深影响了法国本土地区。此后的300多年，可以说是各式各样哥特式建筑相互竞艳的时代，而沙特尔大教堂则成为后来许多著名教堂的建造范本。

教堂的兴建

在很久远的年代，沙特尔就是重要的朝圣中心。这里保存着一件传说中圣母生耶稣时穿的衣服，是查理曼大帝取自君士坦丁堡送给沙特尔大教堂的礼物，现在仍完好无损。圣衣是大教堂的一件重要圣物，而且由它引出的好多传说吸引了许多朝圣的人前来朝拜。沙特尔大教堂始建于1145年，而其历史最早可追溯到公元9世纪。据史料记载，现存的教堂是在同一个地方建造的第六座教堂。公元1194年，教堂曾遭遇大火，当时仅存留下西大门、南北两钟塔、地下墓室，而圣母的那件衣服则是唯一存留的圣物。

教堂规模

大教堂长方形的跨间宽16.4米，四分式拱顶高达36.5米，并带有侧廊式耳堂，每个耳堂都可作为出入口。教堂的三座圣殿分别与三座大门相通，象征了耶稣不同时期的生活。祭台与中殿之间的祭廊建于16～18世纪，上面有描绘耶稣和圣母生平的浮雕。在18世纪很长的一段时间内，大教堂还拥有一尊受人崇敬的怀有耶稣的圣母木制雕像。

大门 教堂西面正门入口是一组三扇的内凹尖拱大门。门西侧原先有24尊圆柱雕像，现存19尊，是1145～1155年间的作品。三扇大门的中门带有"基督是万王之王"的浮雕，因而有"主门"之名，右边门上雕有基督化为肉身的情景，左边门上雕有基督升天图。

沙特尔大教堂主门

主门上的耶稣基督被簇拥在中间,其下为使徒,再下是圣经上的人物像柱。左右大门也有圆柱雕像,右门表现《旧约》人物和圣母,左门表现基督的一生。沙特尔大教堂的雕刻群像是法国哥特式雕刻艺术的典型,与教堂的其他建筑共同构成和谐的整体。

钟塔 教堂有两个高低不同、令人瞩目的尖塔,其历史可追溯到12世纪。南面带有八角尖塔的钟塔建于

仰望沙特尔大教堂,它的雄伟摄人心魄。作为哥特式建筑艺术的杰作,沙特尔大教堂的线条明快、硬朗,呈飞升之势。

1145～1165年;北面的钟塔完成于1134年,造型尤为精致,被认为是世界上哥特式建筑的早期实例,其上的火焰式镂空塔尖是在16世纪增建的。

彩绘玻璃窗描绘了圣经故事及13世纪时人们的日常生活。

彩色玻璃窗 值得一提的是,沙特尔大教堂有超过2000平方米的170多个彩色玻璃窗,这些玻璃窗瑰丽奇巧,以蓝色、紫色和红色为主调。它们大多数是自13世纪保存下来的,其中有4片是12世纪的,算是欧洲中世纪最重要的彩绘玻璃之一。中古世纪教堂原是以雕饰和绘画来装饰开放式墙壁的,到了12世纪时则有主教突发奇想,将光线带回教堂中。他们让大自然的光线透过圣母与耶稣画像或圣经故事,使画面产生了具有很强感染力的神圣感,因此就有了彩绘玻璃的创作。法国大革命时,沙特尔大教堂中有8片玻璃损毁,因而在后来的战争中,这些彩绘玻璃便被卸下保管,待战争结束以后才重新装上。这些彩色玻璃窗画均以圣经故事为题材,包括4000多个拜占庭风格的人像,它们反映了中世纪最重要的审美范畴——光。当阳光穿过这些彩窗,在教堂中投下迷离的光与影时,便会加强人的幻觉,同时也加强了哥特式教堂使人产生的上升的激情。所以,沙特尔大教堂的彩绘玻璃被公认为是12～13世纪玻璃窗画艺术的完美杰作。

大教堂的哥特式中殿内,交织的肋拱支撑着拱形天花板。

枫丹白露宫
Palace and Park, Fontainebleau
—— 法国文艺复兴园林艺术的典范 ——

枫丹白露宫位于塞纳河左岸的森林中。由于这座宫殿靠近"白露泉"（法语音为"枫丹"），而这里名为"美丽之泉"（法语音为"白露"）的泉水又极为著名，经人口耳相传，便成了"枫丹白露"。自法王路易六世在此修建城堡起，枫丹白露宫的规模便渐次扩张，逐渐形成枫丹白露宫特有的风格，呈现出当时的文化与艺术流行趋势，也使其成为法国文艺复兴建筑及园林艺术创作的典范。枫丹白露宫虽然比不上凡尔赛宫的宏伟、卢浮宫的博大，但却淡雅大方，给人以静谧温馨的感觉。从建筑艺术上看，自文艺复兴开始各个时期的建筑风格都在这里留下了痕迹，可以说枫丹白露宫是法国古典建筑的杰作。

法兰西斯一世回廊内有罗索所绘奥林匹斯诸神的湿壁画。

枫丹白露宫的修建

枫丹白露宫的历史可追溯至12世纪。当时的君王路易六世十分喜爱狩猎，便在白露泉边修建了一座宏伟的、供打猎时休息用的城堡，这就是枫丹白露宫的雏形，此后，城堡成为法国王室的行宫。1169年，法王路易七世在其父所建筑的城堡中增建礼拜堂，这也是枫丹白露宫扩建的开端。1259年，路易九世在此地建设大修道院。法兰西斯一世时期开始大规模扩建、整修枫丹白露宫，将其残余的中世纪建筑全部加以整建，为枫丹白露宫留下了许多文艺复兴风格的不朽建筑。后来的亨利四世也对枫丹白露宫进行过大规模整建，并最终形成了今天这座富丽堂皇、气派非凡的宫苑。

白马院

枫丹白露宫宫殿建筑分成几个庭院，四周是纤丽清绝的花园。白马院是宫苑的主要入口，经过16世纪法王亨利四世与19世纪拿破仑的修建，形成今天的风貌。庭院长152米，宽112米，门前巨大的马蹄形台阶是其建筑的主要特色。院子北面是带顶楼的弗朗索瓦一世配殿，南端为路易十五配殿。

白马院正门朝东，门前有马蹄形台阶。拿破仑就是在这里退位的。

白露宫苑中最为庄严的部分。

宫殿里的艺术

枫丹白露宫的内部装潢极为华丽精美，法兰西斯一世时曾聘请众多著名的画家、雕刻家前来创作。这些各有专长的艺术家们形成了著名的"枫丹白露派"，为宫殿的建设乃至此后法国艺术的发展都产生了重大而深远的影响。1548年所建的舞厅是宫内最大、最漂亮的厅，长30米，宽10米，由50幅油画和8组壁画装饰，异常华丽。此外，宫中还珍藏了大量珠宝、雕塑和名画，其中有达·芬奇、拉斐尔等名家名作，这些作品都成为法国的国宝。因此，枫丹白露宫除了拥有美轮美奂的建筑外表，更有它独具一格的艺术魅力。

法兰西斯一世回廊

白马院背后是喷泉庭院，其南面是一池湖水，名为"鲤鱼池"。鲤鱼池对面便是著名的法兰西斯一世回廊，回廊内装饰着精美的壁画、绘画、石膏雕塑及一块块护壁镶板，其装饰是由来自意大利佛罗伦萨的画家和装饰家乔瓦尼·罗索及其助手于1534~1537年完成的。法兰西斯一世回廊是枫丹白露宫非常著名的艺术珍品。

黛安娜花园和椭圆形庭

在宫苑的西北方是美丽的黛安娜花园，又称"皇后花园"或"橙园"，因花园中立有一座黛安娜女神像喷泉而得名。神像建于1602年，1813年被移至室内。花园内散布着画坛与雕像，橙树漫园而生，橙香袅袅。黛安娜花园的东北方为椭圆形庭，是法兰西斯一世时设计师吉勒·布雷顿充满文艺复兴风格的杰作，也是枫丹

史书上的枫丹白露宫

枫丹白露宫在历史上还与许多法国政治大事有着密切的关联。1685年，路易十四在这里撤消了南特勒令，激起了胡格诺教徒的猛烈反抗；1812~1814年，罗马教皇被拿破仑囚禁于此；拿破仑于1814年在此被迫签字退位；1945~1965年，西方盟军司令部设于此，至今宫墙外还残留有"北大西洋公约组织"标记。

枫丹白露宫	
所属洲	欧洲
所属国	法国
地点	巴黎东南
列入名录年份	1981年
文化遗产	整体宫苑，包括法兰西斯一世回廊、白马院、黛安娜花园、喷泉庭院等景致。
意义	金碧辉煌的宫苑和优美的园林景致显示了其特有的风格，呈现了当时文化、艺术的流行趋势，也使其成为法国文艺复兴建筑及园林艺术的典型代表。

卡尔卡松历史古堡
Historic Fortified City of Carcassonne
中欧军事建筑的经典

卡尔卡松历史古堡位于法国南部朗格多克省境内一座美丽的小山丘上，因位处欧洲大陆由大西洋通往地中海的优越地理位置，卡尔卡松一直是中欧中古时期重要的军事要塞。走入城堡，人们仿佛步入了时间的隧道，开始了一次中世纪的时光之旅。由城堡上向下眺望卡尔卡松下城区，红瓦粉墙的景象美得出奇，一排排绿树一直延伸到遥远的地平线。横跨在欧德河上的古桥，河水淙淙由其下流过，河畔绿树青翠，处处展现着令人目不暇接的优美胜景。今天的卡尔卡松古城堡仍像一则古老却未褪色的传奇，令人屏息地傲立于山丘之上。

战略要塞

公元6世纪，卡尔卡松古城堡所在地区就已是兵家必争之地。公元460～725年，卡尔卡松被有阿拉伯血统的摩尔人统治，一直到公元759年，卡尔卡松古城堡才回到法兰克王国的怀抱，成为法兰克境内一个独立的郡。而后，这里又成为封建子爵的管辖地，在数次世袭子爵的通婚下，法兰克历史上的特伦卡维尔王朝在此形成，这一小公国的从属领地从卡尔卡松以东直到今天法国的尼姆斯地区。在12世纪，卡尔卡松古城堡经历了黄金时代，特伦卡维尔的主人们有计划地继续扩建城堡，修筑了圣纳泽尔大教堂。在随后几位君主的成功治理下，卡尔卡松古城堡逐渐发展成一座战略要塞。卡尔卡松古城堡与地形景观紧紧相依，其庞大的军事建筑巍峨地耸立在山头之上。尤其在城堡西面，壁垒高悬，更可以体会到其居高临下的肃杀气息。

古堡传说

关于城堡的

> **卡尔卡松历史古堡**
> 所属洲 欧洲
> 所属国 法国
> 地点 法国南部的朗格多克省
> 列入名录年份 1997年
> 文化遗产 完整的中世纪城堡，包括内外双层城墙、52座塔楼以及圣纳泽尔大教堂等建筑。
> 意义 欧洲保存最完好、最大的中世纪要塞。

卡尔卡松古城堡自古就是兵家争夺的要塞。从外形看，这是一座典型的中世纪欧洲城堡，堡身呈圆柱形，堡顶筑有圆锥形的塔楼。

圣纳泽尔大教堂的玫瑰花窗是法国南部教堂中的极品之作。

顶端,都有可以步行的步道,走在其上,四周景物一览无余。而且,城堡的望楼、吊桥、壕沟和护城河等设施一应俱全,这更令整个城堡固若金汤。因此,我们也就可以理解为何当年查理大帝率领大军围攻五年都无法占领这座城堡了。

圣纳泽尔大教堂

著名的圣纳泽尔大教堂位于卡尔卡松古城堡内的西南边。教堂最原始的建堂记录可上溯

名字有这样一个典故:传说在查理大帝围攻城堡已五年之际,有位卡尔卡斯夫人搜集了这座绝粮城市中仅存的谷物,喂给一只猪,并下令将这头畜牲抛过壁垒;这只猪一落地就摔破了,并在查理大帝军队士兵的脚下洒了一地的谷物;这显然是粮食过剩的表现;查理在惊异之下要求谈判,而卡尔卡斯夫人则报以响亮的胜利喇叭声。这"卡尔卡斯之声"就是市名的来源。此后,罗马人占领了普罗旺斯和朗格多克,并将这里改名为"卡尔卡松"。

城墙与城塔

卡尔卡松古城堡最为壮丽的建筑景观莫过于保卫城堡的内外城墙与城塔。两层城墙共有52座城塔,每一座城塔都有特定的名字,著名的有"拿破努塔"、"圣纳泽尔塔"等。而卡尔卡松城堡的独特之处,还在于它的两道城墙。如果一队敌军能翻越一道城墙,他们只会发现自己被困在两道壁垒之间。在内外两层的城墙

城堡中最为壮观的建筑景观莫过于保卫城堡的内外城墙与城塔。

至公元6世纪。到了1096年,原来的小教堂被改建成罗马式的教堂。改建后的教堂拥有中间一个主堂、两边的回廊、十字翼廊及围绕在半圆顶室中的三间小教堂。大教堂有34米高,呈十字形,它同时拥有罗马式及哥特式风格的建筑。其中较为特殊的是主堂两边的回廊,其高耸的穹顶正好有扶柱的功能。此外,极为难得的是大教堂南北两扇大玫瑰花窗,它们是13和14世纪哥特风格的代表作,是法国南部教堂中的极品。这座相当有气势的大教堂也为卡尔卡松古城堡增添了许多人文气息。

布拉格历史地区
Historic Centre of Prague
中世纪建筑艺术之都

布拉格历史地区	
所属洲	欧洲
所属国	捷克（波西米亚中部）
地点	布拉格
列入名录年份	1992年
文化遗产	布拉格历史中心建筑群，包括旧城市政厅、提恩圣母大教堂、犹太人老公墓、圣尼古拉教堂、十字军教堂、卡夫卡故居等建筑。
意义	欧洲重要的文化中心，中世纪建筑的艺术之都。

布拉格历史区位于捷克首都布拉格市，它雄踞于布拉格市中心的一座山冈之上。伏尔塔瓦河宛如一条玉带，蜿蜒曲折地穿城而过，十几座古老的和现代化的大桥横跨其上，雄伟壮观。拥有无数兼具历史性与艺术性建筑的布拉格历史地区，是公元9世纪以来捷克的工商业及文化的中心，那丰富的艺术特质与人文气息无愧于其"金色布拉格"的美称。

布拉格的兴起

早在公元6世纪左右，便有斯拉夫民族在现今布拉格附近的波西米亚地区定居，并开始筑城建堡。公元870年，人们在伏尔塔瓦河北岸的山丘上兴建了一座城堡，后来的布拉格地区便以此为中心不断拓展。10世纪初期，布拉格始建市，1230年捷克王朝在此设立第一座王城。13～15世纪，布拉格成为中欧重要的经济、政治和文化中心。1918年它成为捷克斯洛伐克共和国首都。1993年1月1日，捷克斯洛伐克共和国一分为二，布拉格成为捷克的首都。

拥有针叶形复式尖塔的提恩圣母教堂

老城广场

布拉格分老城区、城堡区、小城区和新城区四个区。老城区中心的大广场是群众游行集会的场所，周围环绕着众多的古迹建筑。广场东南有著名的提恩圣母大教堂、提恩学院等，其独特的风貌吸引了世人的目光。提恩圣母教堂曾是胡斯教派的主要教堂，内有布拉格17世纪优美的管风琴。在教堂左侧是拥有耀眼的洛可可建筑风格的葛兹·金斯基宫，红白相间、精巧华丽的灰泥装饰为其主要特色，目前这里已改为画廊。宫殿附近还有火药门楼，它是老城13座城门中的仅存者。

老市政厅 广场上的老市政厅是由多栋不同时期、不同风格的建筑物构成的。除

著名的布拉格古钟

了拥有尖顶塔楼外，正面的哥特式大门、带有文艺复兴式窗户的克里兹屋、米克屋和尖拱顶的"公鸡屋"以及拥有17世纪早期粗刻花纹的"及时屋"等，都成为市政府的综合建筑。著名的布拉格古钟就在老市政厅钟楼上，它不仅是计时工具，也是一件大型艺术品：金属铸成的蓝色镀金圆盘每逢整点就会依次走出耶稣和12个门徒的木偶，行列结束后，那个代表犹大的木偶将被刻意留置在外面，此时死神摇着沙漏上场，上面的公鸡也开始振翅高鸣。

胡斯塑像 市政厅前面是一尊具有600多年历史的民族英雄胡斯的塑像。15世纪时，宗教改革家胡斯曾发表演说抨击天主教的腐败，最后被罗马教会处以火刑。捷克人民立像纪念他，而此地已成为布拉格尽人皆知的历史地标之一。

城堡区

位于伏尔塔瓦河西岸的城堡区为著名的布拉格城堡所在地。城堡最早在公元9世纪时由伯尔士维亲王所建，历经了多次的整修。1918年，布拉格城堡曾作为捷克斯洛伐克共和国的总统府。城堡的建设布局是别具一格的深宅大院，以圣维特教堂为核心，风格各异的建筑物沿四周延伸，把整个大院围得严严实实。在城堡附近有捷克执政署，1618年布拉格起义者就是在这里揭开了历史上有名的"三十年战争"的序幕。这里还有建于10世纪的圣乔治长方形教堂，它是布拉格古老的罗马式教堂之一。城堡内的黄金巷是17世纪时金匠的居住地，作家卡夫卡和诺贝尔文学奖获得者诗人塞费特也在这里居住过。

查理大桥

连接老城区和城堡下方小城区的是著名的查理大桥，它虽不是布拉格唯一的桥梁，但却是目前伏尔塔瓦河上唯一供行人徒步的石桥。桥长520米，宽10米，有16座桥墩，桥面为砖石所砌；桥的两端建盖着哥特式门楼。查理大桥最大的特色是桥梁两侧耸立有17~19世纪的古老雕像，大多以圣经人物为题。

古老的查理大桥是布拉格地区的标志之一。

小城区

城堡区以南的小城区大多是弯曲狭小的街道和以巴洛克风格为主的许多宫殿式建筑，完好地保存了中世纪的城市风貌。这里，建于17~18世纪的圣尼古拉教堂被当作布拉格巴洛克式宗教建筑的典范。目前所见的圣尼古拉教堂完成于1735年，教堂内的圆顶建筑绘有描述圣尼古拉和圣本笃生平的壁画。二战结束后，圣尼古拉教堂被归为捷克胡斯教派所有。在小城区窄街小巷内，一些拥有上百年历史的小酒店仍保持着当年的风貌，成为诗人、音乐家和学者们常常聚会的地方。

圣尼古拉教堂
圣尼古拉教堂是18世纪的巴洛克式建筑。这里曾是布拉格主要的教会聚集地，历经时代变迁，一战时的国家军队也曾驻扎在此，而许多未上战场的艺术家则在此从事教堂的重修工作，包括庄严的圆顶壁画在内的许多装饰都是这一时期的作品。

美泉宫和花园
Palace and Gardens of Schonbrunn
奥地利的"凡尔赛宫"

美泉宫和花园位于奥地利首都维也纳西南郊，是奥地利哈布斯堡王室的避暑离宫。相传这里原是一片开阔的绿地，有一次，马蒂亚斯皇帝狩猎至此，饮一泉水，心神为之畅爽，遂称此泉为"美丽泉"。如今，美泉宫左侧的花园中还有一座美泉女神雕像，女神抱一水瓮，瓮中泉水潺潺。美泉宫及其花园是奥地利巴洛克建筑最完美的体现，也是欧洲非常壮观的宫殿之一，在很多方面它都被认为是奥地利18世纪的时代象征。

玛丽亚·特雷西亚女皇画像

美泉宫的兴建

美泉宫1696年动工，1713年落成，是奥卡尔皇帝为欧根亲王建造的。玛丽亚·特雷西亚女皇执政时，这里成为皇族最喜爱的去所，许多重要国事活动都在这里举行。1743年，玛丽亚·特雷西亚女皇授命建筑师尼古拉斯·帕卡西将其改建为真正的夏季离宫。美泉宫成为女皇城堡后，不断地得到修建、改造，并装饰了大量的壁画及其他艺术品；同时，花园也得到了扩建。

宫殿规模

美泉宫面积仅次于法国凡尔赛宫，其外形效仿法国凡尔赛宫的古典式宫殿建筑，也是一座富丽堂皇的巴洛克式建筑。整座建筑分为上下两层，同时又拥有一个举行仪式用的庭院和一个大的前庭。宫殿上层是帝王办公、迎宾和举行盛大活动的地方，下层作为起居和膳宿所用。宫内有1400个房间，其中44间是纤巧华美的洛可可风格，优雅别致，但其他的多数房间是过于雕饰的巴洛克风格。此外，在宫殿前的英雄广场上还树有皇帝跃马姿态的英雄像。

东方风格 在美泉宫中有专门陈列东方古典式建筑的厅室，如嵌镶紫檀、黑檀、象牙的中国式房间和用泥金、涂漆装饰的日本式房间。房间内部的装饰品也统一为东方风格，四壁和天花板上镶嵌着陶器。在中国厅琳琅满目的陶

美泉宫的确与凡尔赛宫有神似之处。

瓷器摆设中，有中国青瓷、明朝万历彩瓷大盘和描花花瓶等。

御车陈列馆 宫中有一个御车陈列馆，早年是一个冬季骑术学校。如今，这里陈列着哈布斯堡帝国从1690年以来使用的60多辆御车。其中最珍贵的一驾八套马车重达4吨，是专门用来举行婚礼和加冕仪式的帝王马车。

画廊和珍宝馆 宫殿内的"奥地利画廊"里珍藏着中世纪到现代的绘画和雕塑名作，实际上这里是奥地利的宫廷美术博物馆。宫殿内另外还有一个景观，那就是"珍宝馆"，这里存放着历代帝王的华丽服饰、传神的画像和光彩夺目的珠宝。其中一顶镶嵌着各色宝石、珍珠的王冠熠熠发光，它是哈布斯堡王朝的象征。

宫殿花园

宫殿后面的巴洛克式大花园是一座典型的法式园林。在碎石子铺成的地面上，是一片格局优雅、精雕细琢的花坛和草坪。花园两边高大的树木被剪成一面"绿墙"，"墙"里是44座古希腊神话故事中的人物塑像。在花园的尽头有一座1780年修建的美丽的喷泉，名曰"海神喷泉"，泉池中央是一组根据希腊海神故事塑造的雕像。从海神喷泉向东，就来到赫赫有名但不很起眼的"美丽泉"。从海神喷泉处，沿着之字形土路走上丘陵，就来到了美泉宫的最高点——凯旋门。这座凯旋门是为了纪念特雷西亚女皇1757年战胜普鲁士弗利德里希大帝的军队而建的。在这里，可以把美泉宫壮丽的景观尽收眼底。1993年，人们对凯旋门做了彻底的整修，并根据史书记载为凯旋门的两面装上了玻璃。

宫内的御车陈列馆原为一所冬季骑术学校。

美泉宫和花园	
所属洲	欧洲
所属国	奥地利
地点	维也纳
列入名录年份	1996年
文化遗产	美泉宫和花园，包括各厅室及宫殿内的喷泉、凉亭和人工瀑布等。
意义	为奥地利巴洛克建筑最完美的体现。

历史上的皇宫

当年驰骋欧洲大陆的拿破仑曾两度住进这座皇宫，这里还保存着他的真容画像和他的一些遗物。著名作曲家莫扎特幼年时代也在这里典雅的宫廷舞台上为女皇演奏过钢琴。在这座宫殿中，最有名的事件是反法同盟在拿破仑战败后，于1814年9月到1815年6月举行了瓜分欧洲的"维也纳会议"。

夏季的美泉宫，景色美不胜收。

萨尔斯堡
Historic Center of Salzburg
—— 北方的罗马 ——

萨尔斯堡位于奥地利北部的萨尔斯堡，距首都维也纳约320千米，是奥地利著名旅游胜地，也是音乐家莫扎特的诞生地。萨尔斯堡整座城市分布在萨尔察赫河两岸，偎倚在白雪盖顶的阿尔卑斯山脚下，苍郁的陡山围绕四周，使其充满了无限魅力。这里的建筑艺术堪与意大利的威尼斯和佛罗伦萨相媲美，因有"北方的罗马"之称。

大主教宫殿广场上伫立着一尊右手执笔凝视远方的莫扎特铜像。

大教堂
城中最重要的宗教建筑物是天主教的中心萨尔斯堡大教堂。自落成之日起，它就与教廷王侯的一切紧密联系在一起。从教堂在大火中被烧毁，到被重建和扩建，这一系列过程都见证了萨尔斯堡教主至高无上的权力与独立性。

盐的城市

萨尔斯堡地区的盐业交易非常繁荣，而且以产盐闻名，"萨尔斯"本身就是"盐的城市"的意思。公元8~18世纪，这里为天主教大主教的活动中心；1802年脱离宗教统治；1809年，根据《申布伦条约》萨尔斯堡划归巴伐利亚；维也纳会议(1814~1815年)后，归还给奥地利。

萨尔斯堡要塞

在萨尔察赫河南岸的山坡上，矗立着著名的萨尔斯堡要塞，即"霍恩萨尔斯

萨尔斯堡素有"音乐艺术中心"之称。游客到此必去著名的粮食街9号——幢显眼的六层金黄色建筑。这里便是"萨尔斯堡最伟大的儿子"沃尔夫冈·莫扎特的诞生地。1756年1月，莫扎特出生在这幢房子的四楼。

堡"。要塞建于1077年，由大主教格博哈德主持修建，后又经扩建。它完全继承了中欧城堡的建筑风格，特别值得一提的是它还保存有中世纪侯爵的房间。在要塞下，有一群高耸入云的绿色圆顶建筑物，它们是由大教堂、本尼狄克修道院、圣方济各会教堂等组成的建筑群。

大主教官邸富丽堂皇的会议厅

大教堂

　　模仿梵蒂冈圣彼得大教堂的萨尔斯堡大教堂正式建立于17世纪初期，是城中最重要的宗教建筑，也是奥地利第一座意大利风格的建筑。教堂最初的建造可追溯到公元8世纪。1598年教堂曾遭受大火，1628年又在原址上建成了新教堂。1944年大教堂遭受轰炸，教堂的屋顶和部分圣坛被摧毁。1959年，人们以其原来的结构为基础进行了扩建，并且在教堂大门的栅栏上刻下了"774"、"1628"、"1959"三个修建年代

城南建筑

　　在城南地区还有几座著名建筑。大主教宅邸是16～18世纪的文艺复兴式宫殿。米拉贝宫是17世纪时萨尔斯堡大主教建造的皇宫，18世纪又经扩建，现在是包括宫殿、教堂、花园、博物馆在内的游览中心。此外，城南地区还有17世纪时建造的皇家花园——以"水的游戏"著称。

> **萨尔斯堡**
> 所属洲　欧洲
> 所属国　奥地利
> 地点　萨尔斯堡
> 列入名录年份　1996年
> 文化遗产　旧城，包括大教堂、圣彼得教堂、圣方济各会教堂、本尼狄克修道院等宗教建筑以及萨尔斯堡要塞等。
> 意义　以其壮丽的巴洛克建筑被誉为"北方的罗马"。

满是雕塑和缤纷花卉拼图的米拉贝花园

的标志。在正墙里面有四座巨大的雕像，分别为：手持钥匙的圣徒彼得、手持宝剑的圣徒保罗、手持盐瓶的州守护神圣徒鲁佩特和手持教堂模型的圣徒维吉尔。萨尔斯堡大教堂以其雄伟的立面和巨大的圆屋顶体现了巴洛克风格的雄伟特质。

世界音乐中心

　　除了雄伟的建筑，萨尔斯堡还有一个永恒的名字，那就是在萨尔斯堡出生的音乐家"莫扎特"。1756年1月27日，莫扎特出生于此。为了纪念他不朽的成就，这里每年都会举办萨尔斯堡音乐节。音乐节最初始于1877年，加上复活节等一些其他活动，萨尔斯堡成为了世界性的音乐中心。在音乐节上演奏的主要曲目均以莫扎特作品为主，节日欢愉活泼的气氛是萨尔斯堡最令人难忘的。此外，在城东的粮食街9号还建有莫扎特故居，1917年这里被辟为莫扎特纪念馆。萨尔斯堡的建筑使其宛如神话中的仙境，而它的文化与艺术又使其充满了丰厚的人文底蕴，使其不愧为欧洲著名的历史名城之一。

布达佩斯
City of Budapest
多瑙河畔的明珠

布达佩斯	
所属洲	欧洲
所属国	匈牙利
地点	布达佩斯
列入名录年份	1987年
文化遗产	布达佩斯内城和玛加雷特桥和格勒特山之间的多瑙河两岸的全景。
意义	具有世界著名的、有城市特征的人文风光；其多姿多彩的石建筑再现了匈牙利首都的沧桑历史。

布达佩斯位于匈牙利中北部，是匈牙利的首都，也是欧洲著名的古城，被誉为"多瑙河畔的明珠"。布达佩斯悠久的历史使它具有浓郁的文化气息；美丽的多瑙河穿城而过，又为它增添了迷人的自然风采，使布达佩斯这座古城像一幅迷人的画卷展现在世人面前。

"布达"和"佩斯"

布达佩斯原是"布达"和"佩斯"两个隔河相望的城市。多瑙河缓缓流过，把市区分为东西两部。河西岸丘陵起伏，为"布达"；东岸是平原，称"佩斯"。横跨河上的八座大桥和穿越多瑙河底的一条现代化地下铁道，把它们紧紧连接。布达城历史悠久，据记载，早在2000多年以前，凯尔特人已定居在它的北面；公元1世纪初，古罗马军队曾在此驻屯。而佩斯城则始建于公元3世纪初。1361年，布达成为匈牙利都城。1541年起，土耳其统治布达与佩斯150年之久。1872年起，布达与佩斯加上城堡山以北的老布达合并为布达佩斯，并且作为了此后成立的奥匈帝国的首都。

塞切尼链桥

布达佩斯在漫长的历史岁月中饱经劫难，匈牙利人一次又一次在废墟上重建了这座名城，并且用桥梁使城市更加巩固。在横跨多瑙河的八座大桥中最古老的是塞切尼链桥，建于1839～1849年，全长375米，是世界上跨度最大的铁索桥，同时也是布达佩斯的象征。在桥彼端的广场上矗立着这座桥梁的设计师亚当·克拉克的雕

坐落在多瑙河之滨的布达佩斯国会大厦是一座宏伟壮观的新哥特式建筑，但其中融合了匈牙利的民族风格。

像，此一端是一对铜狮像。此外，河上还有著名的伊丽莎白桥、裴多菲桥、自由桥、玛格丽特桥、阿尔帕德桥等，均各具特色。

城堡山

多瑙河西岸的布达，依山傍水，周围有城堡山、格列特山和玫瑰山等。其中，城堡山是一座区划狭长的古城，长约1500米，最宽处500米，是布达佩斯的发祥地。城堡山四周高墙壁垒，只设三个城门可以通行。城堡山的名胜有位于城堡区南部的布达王宫，这是一组新巴洛克式的古建筑群，曾是15世纪欧洲最辉煌的王宫之一。在漫长的历史岁月中，匈牙利的许多王室在这里过着奢华的生活。

圣玛利亚教堂

城堡山另有一处著名的景点：具有700余年历史的圣玛利亚教堂。圣玛利亚教堂又称"马加什教堂"，始建于13世纪中叶贝拉四世时。此后的几百年间，众多的国王在这里举行加冕仪式，因此，教堂又称为"加冕教堂"。此外，许多国王的婚礼、王室庆祝军队出征、凯旋等仪式也多在这里举行，可以说，圣玛利亚教堂是布达佩斯历史的见证。

国会大厦

在佩斯，著名的建筑有位于多瑙河岸的国会大厦。国会大厦建于1884～1902年，为一座新哥特式圆顶宫殿，也是欧洲罕见的古典建筑之一。整个建筑呈丁字形，以拱顶大厅为中心，分成对称的南北两翼，巍峨壮丽、金碧辉煌。大厦约

蓝色多瑙河从西北向东南蜿蜒流淌，款款穿越市中心；八座别具特色的铁桥飞架其上，一条地铁隧道横卧其底，将布达与佩斯紧密地连为一体。

268米长，116米宽，里面有10个庭院、29座楼梯和几百个房间。室内装饰有精美壁画、绘画和挂毯等。大厦周围有两个哥特式大尖塔和22个哥特式小尖塔，在各梁托之间还有众多塑像。大厦进口处铜狮分列，沿大理石阶梯上行，两侧有八根由紫红色大理石雕琢成的高大圆柱。大厦前矗立着19世纪匈牙利资产阶级革命和独立战争领袖科苏特(1802～1894年)的高大塑像，表现了布达佩斯的英雄历史与民族自豪感。

英雄广场

位于共和国街东端的英雄广场是佩斯的另一名胜，它是于1896年为纪念匈牙利民族定居1000周年而建的。"千年纪念碑"矗立在广场中心，高36米，雄劲挺拔。在"千年纪念碑"后面是两座高达16米的半弧形柱廊，柱廊中间排列着14个比真人还大的匈牙利历代统治者的雕像。这中间有10世纪的开国皇帝圣伊斯特万，有1848年革命中独立战争的领袖科苏特。这些威武雄壮的形象，展示了匈牙利壮丽的历史画卷。

布达王宫占城堡山面积的2/3，建筑富丽堂皇，展示了匈牙利的建筑特色和悠久历史。

伯尔尼老城
Old City of Berne
——古朴完整的和平之都——

伯尔尼老城位于瑞士首都伯尔尼，坐落于瑞士高原中央山地，莱茵河支流阿勒河在这里流成一个回环。老城就建在河曲半岛上（现已扩大到河的两岸），七座桥梁把西岸老城区与东岸新城区连接了起来。古朴而又布局典雅的伯尔尼老城，以其优美的喷泉、青灰色的石屋、精致的凸窗、高耸的山墙、前展的连拱和极具张力的廊柱向世人展示着它无处不在的中古风韵，是中世纪古城的完整再现。

圣文森兹大教堂
圣文森兹大教堂是全市最漂亮的哥特式教堂。这座教堂最伟大的艺术品是教堂大门上具有五百余年历史的浮雕——《最后的审判》。在定期的音乐会和圣诞节时还能听到教堂中18世纪的管风琴奏出的美妙音乐。

熊之城

在伯尔尼还没有名字的时候，人们就建议说以他们捕获的第一件猎物的名字来命名这个城市。1191年，统治这一地区的贝鲁特德·齐林公爵在一次狩猎中一举捕获了一只狗熊（Baeren），城市"伯尔尼"由此得名。由于伯尔尼人对熊格外偏爱，所以他们用一只样子憨厚的熊作为他们的州徽和市徽。1339年伯尔尼从德国统治下获得独立，1353年参加瑞士联邦，1848年成为瑞士首都。

伯尔尼老城
伯尔尼老城的建筑原本是木质结构的，中世纪的几次大火把木质建筑全都烧毁。后经重建，伯尔尼老城改为石头结构，至今保持完好。

中央大道
古老的中央大道纪录了城市拓展的痕迹。行走在街道上，处处都能体会到作为中立国的瑞士让人感受到静谧和安详。精简的建筑结构反映着纯朴的精神，温暖的乡村气息又萦绕着挥之不去的高雅韵味。

城区规划

伯尔尼老城的大部分建筑物是17~18世纪修建的。老城建筑古朴和谐，街道狭窄，古老的电车仍在大街上丁当作响地招摇过市。伯尔尼老城在中世纪经过由低坡向高处推进的三段式发展，面积增加数倍，但最初全城工整有序的街道布局始终保持完好。城内主要的道路系统沿阿勒河岸延展，并用切割而成的灰色石块建成。大道贯穿城区形成方块形格局，同时穿插着平行延伸的支线道路，构成了此城独特的棋盘式空间布局，这和许多欧洲国家的建筑形态截然不同。

中央大道

城内的主干道为著名的中央大道，它将整齐的房舍一分为二。宽阔的中央大道也是人们活动聚会的最佳场地。随着三次扩城，大道被分割成四段街道，且各有不同的街名，也呈现了不同年代的城市特性。中央大道上的著名景点有钟塔、狱塔和爱因斯坦故居。位于伯尔尼老城中心主要十字路口的钟塔是伯尔尼的标志性建筑，也是中央大道第一次扩建的界址；

钟塔上面16世纪的大钟十分别致,到整点会有机械小人出来表演。狱塔建于1641年,是当年监狱的守卫塔,也是中央大道第二次扩建的界址。大道49号是爱因斯坦的故居,他在1902~1909年曾经在此居住。

圣文森兹教堂

从中央大道第一段的十字路口往南,就是城内的最高建筑——哥特式圣文森兹教堂。这座大教堂建于1473年,又于1573年重建。整座教堂规模宏大,其中主堂花了150年才建成。教堂的大钟是瑞士最大的一口钟,重达10吨。教堂尖塔高达100米,为瑞士最高的一座塔式建筑物。在教堂门上保存着哥特式风格的雕刻作品,表现的是"最后的审判"。

联邦宫

圣文森兹教堂西南是铜绿色顶盖的联邦宫。联邦宫是一组用花岗石建造的宫殿式大型建筑群,建于1852~1857年,联邦政府和联邦议会就设在大厦里。联邦宫里有许多名贵的宫廷壁画,和反映联邦历史的雕塑,以及稀奇珍宝等文物。联邦宫前的空地叫"联邦广场",它是停车场、菜市场,也是民众集会或抗议示威的场所。每逢周二、周六,小贩一早就在广场上搭棚设摊,蔬菜、水果、鲜花、小吃,人流熙熙攘攘,一片生机盎然、悠然祥和的太平景象。

位于伯尔尼老城主要十字路口的钟塔是伯尔尼的特色建筑。

伯尔尼老城
所属洲 欧洲
所属国 瑞士
地点 伯尔尼州的伯尔尼
列入名录年份 1983年
文化遗产 中世纪的老城,包括哥特后期风格的圣文森兹大教堂、联邦宫、狱塔、明斯特胡同和伯尔尼地标——钟塔以及城中的各式喷泉。
意义 保存最完整的中世纪古城之一。

喷泉之都

伯尔尼老城街道的中央还建有许多雕刻精致的塑像喷泉、水池,可说是"三步一泉、五步一池",因此伯尔尼又有着"喷泉之都"的美誉。城中的每一座喷泉都有着属于自己的名字与典故,除了美化市容外,其更大的作用是将地下水提到与地面同高的位置,供民众食用需要。这种水道系统不但成就了老城的特色,更展示出了中世纪人民的智慧。

圣玛利亚修道院
Santa Maria delle Grazie
旷世文化价值的保有者

绘有达·芬奇《最后的晚餐》的圣玛利亚修道院位于意大利米兰市的圣玛利亚广场上。1463年，在多明尼哥教会的委托之下，米兰的建筑师索拉里兄弟始建圣玛利亚感恩教堂，并于1490年完成。后来，米兰公爵路德维克又将其改建，把教堂后部的半圆顶穹窿拆除，改建为一个高大的圣坛，另外又增建了餐厅、花室和方形回廊。圣玛利亚修道院的文化价值，很大程度上源于其餐厅北墙上由文艺复兴"三杰"之一的达·芬奇绘制的《最后的晚餐》这幅旷世巨作。在这样一座艺术收藏和罗马、威尼斯、佛罗伦萨相比略逊一筹的城市，《最后的晚餐》始终是这里最吸引游客目光的原因所在。

最后的晚餐
《最后的晚餐》画面显示耶稣与12个门徒进晚餐时，说罢"你们中间有一个人将要出卖我"之后一刹那的情景。达·芬奇深邃的想像力，把每个人物的内心活动表现无遗。

圣玛利亚修道院
所属洲　欧洲
所属国　意大利
地点　米兰
列入名录年份　1980年
文化遗产　圣玛利亚修道院及教堂，教堂餐厅北面墙壁上的达·芬奇的《最后的晚餐》。
意义　修道院中的《最后的晚餐》无论从技巧上还是内容上都开创了西方文艺复兴艺术的崭新境界。

圣玛利亚感恩教堂后殿

修道院的兴建

圣玛利亚感恩修道院及其教堂是米兰建筑师索拉里兄弟于1463年开始修建的。后来，米兰公爵路德维克想在教堂安置自己和妻子之墓，准备扩建修道院。达芬奇被这个计划吸引，来到修道院；同期抵达米兰的还有另一位文艺复兴大师和建筑家布拉曼特。他们联手使米兰这座充满中世纪传统气氛的城市成为文艺复兴时期的一个典范。

《最后的晚餐》

达芬奇与其他人共同把教堂后部的半圆顶穹窿拆除，改建为一个高大的圣坛，并另建餐厅、花室、圣器室和方形回廊等建筑。而达芬奇则在1495～1497年间在餐厅北墙绘制了油画《最后的晚餐》。《最后的晚餐》画面长

达·芬奇的《自画像》

教堂内部回廊的交叉状尖顶天花板属于哥特式风格。

8.8米，高4.97米，达·芬奇至少用了20年的时间起草，而从真正开始绘制到完成只用了3年时间，它成为了修道院整个建筑群体中的极品。《最后的晚餐》取材于《新约全书·马太福音》第26章犹大出卖耶稣的故事。据《圣经》记载，逾越节前夕，耶稣预知他的死期将临，于是在与他的十二门徒共进晚餐时宣布："你们中有一个人将要出卖我。"此语一出，众人皆惊。达·芬奇以其敏锐而又富有感情的笔法把十二门徒的各种神态生动地描绘了出来。

绘画技法

在绘制技法上，达·芬奇在当时的绘画透视技法中融入了一些处于萌芽阶段的巴洛克艺术因素，建立了一种由上而下展开的稳定性构图。为表现独特的艺术效果，达·芬奇还大胆采用了蛋白调和颜料。在画作的内容上，达·芬奇所要表现的也不是一般人所展示的庆祝逾越节的场面，而是刻画耶稣宣告这个晴天霹雳般的消息后那一瞬间十二门徒的内心震荡。以前描绘"最后晚餐"的画作，一般都把犹大单独安排在和别的门徒对立的餐桌一边，而达·芬奇则将犹大放在了众人之中，甚至靠近耶稣，这大大加强了主题的戏剧性。《最后的晚餐》这幅画还有一个显著特点，即所有人物都没有圣光，即使耶稣也没有。达·芬奇只是用了透视法让耶稣成为中心，用窗口之光取代圣光，并使犹大背光置身于黑暗中。这强调了现实生活，表现了普普通通的人，可以说达·芬奇透过这幅画，发挥了文艺复兴时代最重要的主题——人生与人性。

巨作的保存

由于该画是采用油胶混合画法，并且画面没有打底就直接将颜料涂在干燥的壁面上，所以在壁画完成之前就已经开始出现裂痕，且有剥落，加上潮湿空气的腐蚀和二战时期的炮击，壁画破损不堪。而二战后因修复工作不力所造成的痕迹，又使得《最后的晚餐》的毁坏雪上加霜。但这幅杰作仍保存了20多幅临摹本。

人文主义的光辉

《最后的晚餐》对十几个人的表情、动作进行了淋漓尽致的表现，而且充满了浓厚的"人文主义"，这些都显示了达·芬奇高超的、令人叹服的艺术才华。同时，这部花费了他多年心血的巨作也开创了西方文艺复兴的崭新境界，使其与米开朗基罗的《最后的审判》、拉斐尔的《雅典学院》并列为文艺复兴全盛时期的三大杰作。而圣玛利亚感恩教堂和修道院也因这幅名画的存在而被载入了史册。

圣玛利亚修道院是欧洲著名古迹之一。

WORLD CULTURE
& NATURE HERITAGE
世界文化与自然遗产
第二章
亚洲

亚洲全称"亚细亚洲"，意为"东方日出的地方"。它不仅是世界第一大洲，更是世界文明的主要发祥地。这里集中了中国、印度、古巴比伦等文明古国，对世界文化的发展起着积极的推动作用。

单说那美甲天下的泰山奇石、巧夺天工的石窟古窑、大气原始的森林沟壑，就已经让人叹为观止，更别说那雄浑壮丽的万里长城、香艳美极的泰姬陵、史诗绝唱特洛伊、一世荣耀拜占庭给整个世界谱写了怎样的华彩乐章了。

随着亚洲地位的不断提高，其人文地理也受到越来越多的关注，许多后发掘的景区、景点逐步为世人所认知，从它们的神秘面纱被揭开那一刻起，世界也因此更加绚丽。如此令人动容的众多自然和人文景观将在本章为您一一呈现。

万里长城
The Great Wall of China
—— 人类历史上规模最大的军事设施 ——

举世闻名的万里长城是中华民族的伟大创举，也是世界上修建时间最长、工程量最大的一项古代防御工程，自公元前8世纪开始修建，长城被延续不断地修筑了2000多年。万里长城恰似一条巨龙绵延于中华锦绣大地，虽早已失去了原来的功用，但这浩大工程所承载的悠久历史及其所代表的文化意蕴，必将千古传唱。

长城修筑史

长城修筑的历史可上溯到西周时期，周王朝为了防御北方游牧民族的袭击，筑城堡"列城"以防御。春秋战国时期列国诸侯争霸，根据各自的防御需要，在自己的边境上修筑起长城。最早修筑的正式长城是公元前7世纪的楚长城。公元前221年，秦始皇并灭了六国诸侯，完成了建立中国历史上第一个封建集权统一国家的大业。为了保证统一国家的军事安全和农业生产的安定，防御北方强大匈奴游牧民族的侵扰，秦王朝大修长城。秦朝除了利用原来燕、赵、秦部分北方长城的基础之外，还增筑扩建了很多部分，"西起临洮，东止辽东，蜿蜒一万余里"，从此便有了"万里长城"的称号。自秦始皇以后，凡是统治中原地区的王朝，几乎都要修筑长城。现今留存的面目较为清晰的是明代修缮的长城。它东起辽东的鸭绿江畔，西至甘肃的嘉峪关旁，全长6300多千米。今天我们所说的"万里长城"多指明朝所修筑的这部分长城。

长城的防御工程

作为一个庞大的国防工程体系，长城以城墙为主体，包括城障、关城、兵营、卫所、烽火台、道路、粮秣武库诸多军事和生活设施，是具有战斗、指挥、观察、通讯、隐蔽等综合功能，并与大量长期驻屯军队相配合的严密的军事防御体系。长城城墙平均高约7~8米，一般情况下，山势陡峭的地方矮一些，山势平缓的地方相对高一些。城墙基底宽6.5米，顶宽平均4.5米，墙顶宽度较大的地方，可容五马并行，十人并进。墙内侧还设有防止守卫与巡逻的将士不慎坠下墙去的宇墙（也称"女

宛如巨龙的长城蜿蜒穿越中国北方的戈壁、草原、群山，一路向东奔腾入海。

白天燃烟称之为"燧",夜间点火称之为"烽"。由烽火台构筑而成的通讯系统,使军情得以迅速传达。

关城 长城上最为集中的防御据点是关城。关城均建于有利于防守的重要位置,以收到凭极少的兵力抵御强大入侵者的效果。长城沿线的关城有大有小,著名的如"山海关"、"居庸关"、"平型关"、"雁门关"、"嘉峪关"以及"阳关"、"玉门关"等。其中,山海关位于河北省东北部的渤海海边,与辽东长城相连接,是万里长城东端的关键所在,始建于明洪武十四年(1381年)。山海关关城北倚燕山,南临渤海,位于山海之间,形势非常险要,是连接东北、华北的咽喉要冲,历史上即为兵家必争之地和军事重镇,自古就有"两京锁钥无双地,万里长城第一关"之说。嘉峪关则是明代万里长城最西端,位于甘肃省河西走廊西部,因坐落在嘉峪关麓而得名。它始建于明洪武五年(1372年),距今已有600多年历史。嘉峪关周长733米,高11.7米,关城面积33500平方米。整座关城雄浑、巍峨、壮观,不愧为"天下第一雄关"的美誉。

长城烽火台

墙"),外侧设有高约2米的垛墙,垛墙的上部设有望口,下部有射洞和石孔,供观看敌情和射击、滚石之用。有的重要城墙顶上还建有层层障墙,以抵抗万一登上城墙的敌人。明代中期,抗倭名将戚继光调任蓟州都督时对长城的防御工事作了重大改进,在城墙顶上设置了敌楼和敌台,以住宿巡逻士兵和储存武器粮草,更加强了长城的防御功能。由于长城上的敌台和墙台只能容纳很少的兵士,为防止遇有紧急情况临时从远处调兵遣将难解燃眉之急的不利,长城内侧沿线建立了许多城堡,实际上就是兵营。这些兵营城堡与长城构成犄角之势,一旦有急,召之即来。

烽火台 烽火台为一座独立据守的碉堡,建筑于长城沿线两侧的险要之处,或视野较为开阔的冈峦上或峰回路转之点。一般每距2.5~5千米筑一台,每个台设有多个烽火墩,供燃放烟火以示警、传递军情用。如遇敌情,

> **万里长城**
> 所属洲 亚洲
> 所属国 中国
> 地点 西起临洮,东至辽东
> 列入名录年份 1987年
> 文化遗产 今日所指的万里长城,西起甘肃的嘉峪关,东至辽宁的鸭绿江边,全长6350千米;北京以北的八达岭居庸关的长城段,以及建于14世纪的所谓"云梯"和"烽火台"对游客开放;在金山岭10千米长的长城段有67个烽火台,敌台和敌楼;还有在司马台和慕田峪修复的长城段。
> 意义 世界上最长的军事防御工事,是中华民族的象征。

长城最西端——嘉峪雄关

明清故宫
Imperial Palace of the Ming and Qing
世界上最庞大的皇家宫殿群

明清故宫原名"紫禁城",是明清两代的皇宫。辛亥革命推翻清王朝统治后称为"故宫",后更名为"故宫博物院"。它位于北京市城区中心,从建成到封建帝制结束的近500年间,共有明清两代24位皇帝在此登基即位。故宫是世界上规模最大、保存最完整的古代宫殿建筑群,也是世界上最大的历史博物馆。

故宫角楼体现了中国古代建筑的高超技艺。

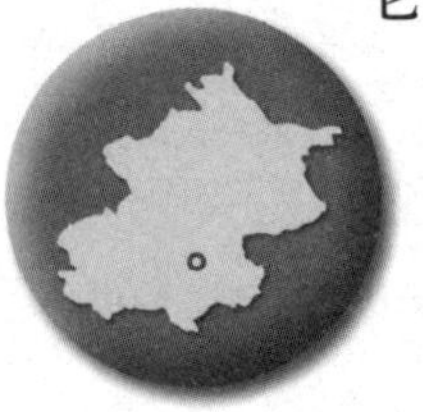

它集中反映了中国的传统礼制思想与文化,其建筑的布局、形式、装饰等无不体现着中国的传统特色,成为东方建筑史上的典范,同时也是研究中国政治经济、社会历史与哲学思想的文化宝库和世界文化遗产中一座绝无仅有的丰碑。

故宫的建造

1406年,明成祖朱棣下令调集全国优秀工匠10多万人、民夫100多万人,以南京的宫殿为蓝本,在北京元朝宫殿的旧址上修建皇宫。1420年,宫殿基本建成。在此后的几百年里,历朝历代皇帝多次下令重修紫禁城,最终形成了现在的格局。

太和门前的铜狮子

太和门前的一对铜狮子威严凶悍,象征着权力和尊严。雄狮子的前爪踏着一个圆球,象征四海统一,江山永固;雌狮子的前爪下有一只小狮子,象征皇权永存,千秋万代。

故宫的格局

故宫平面呈方形，南北长961米，东西宽753米，占地面积72万多平方米；外有周长3428米的城墙，墙外有一条宽52米、长3800米的护城河环绕，以此构成完整的安全防御系统。故宫内有各类殿宇9000余间，都是木结构、黄琉璃瓦顶、青白石底座，饰以金碧辉煌的彩画，建筑总面积达15万平方米。故宫的建筑都严格遵循对称的规则沿一条南北走向的中轴线排列，无论是平面布局、立体效果还是建筑形式，无不显示着庄严、雄伟、和谐。而这条中轴线上的建筑，更是故宫的重心，它们都坐北朝南，体现着皇帝的至尊地位。

午门为故宫正门，充分体现了皇帝的特权。

午门 午门是故宫的正门，高35.6米，红墙黄瓦，朱漆大柱，雕梁画栋，飞檐翘角。明清两代，每逢将士出征或凯旋，皇帝都要亲自来午门举行仪式。午门的中门为皇帝专用。清代科举考试殿试的前三名，在发榜这一天，也可以从中门进出一次。午门还是皇帝对臣子施行"廷杖"的地方。午门后为三大殿，即太和殿、中和殿和保和殿，是故宫的主体建筑。

三大殿 太和殿俗称"金銮宝殿"，是故宫最重要的建筑，也是中国最大的木结构建筑物，占地2370平方米，高约37米，宽约63米，面宽11间，进深5间，红墙黄瓦，朱红殿柱。太和殿是故宫中等级最高的宫殿，功能非常特殊。在太和殿中举行的仪式都非常高级，例如皇帝登基、节日庆典等。中和殿是皇帝去太和殿前小憩或演习礼仪的地方，规模较小，深广各3间，每间均长24米，殿高27米，列柱均为楠木，绣刻极为精致。保和殿是举行殿试和宴会的地方，高29米。

文物宝库

作为帝王的宫殿，故宫是一座名副其实的宝库，收藏着大量的珍贵文物，总计达到1052653件，占全国文物总数的1/6，其中很多文物是无价的国宝。故宫博物院堪称国内收藏文物最丰富的博物馆，也是世界闻名的古代文化艺术博物馆。

明清故宫	
所属洲	亚洲
所属国	中国
地点	北京城区中心
列入名录年份	1987年
文化遗产	故宫建筑群，包括象征紫禁城权力中心的三大殿太和殿、中和殿和保和殿，以及午门、武英殿、乾清宫和交泰殿等。
意义	曾是五个多世纪以来中国的最高权力中心，是世界上现存规模最大、保存最完整的帝王宫殿。

故宫博物院内藏有大量艺术珍品。

北京天坛
The Temple of Heaven in Beijing
世界现存最大的祭天建筑

天坛位于北京市永定门内东侧，是明清两代帝王祭天祈谷、夏至祈雨、冬至祭雪的圣地，也是世界现存规模最大的祭祀性建筑群，是研究中国古代祭祀文化的珍贵历史资料。天坛始创于明永乐十八年(1420年)，初名"天地坛"，嘉靖十三年(1534年)改今名；后又经清乾隆、光绪帝重修、改建，最后形成天坛现在的格局。天坛设计之精致完美、建筑之巧妙和谐、风格之雄浑独特、科技应用之合理先进，都在世界古典建筑中独树一帜，从而成为闻名中外的旅游胜地。

北京天坛
所属洲 亚洲
所属国 中国
地点 北京城区东南
列入名录年份 1998年
文化遗产 世界上最大的祭天建筑群，其建筑以数字"九"为特点，主要建筑有天坛、祈年殿、皇穹宇、丹陛桥、斋宫等。
意义 世界上现存规模最大的祭祀性建筑群，其巧妙、精确、和谐的构筑对古建筑研究有珍贵历史价值。

天坛格局

天坛位于北京市永定门内大街，创建于明代永乐十八年（1420年）。天坛有垣墙两重，形成内、外两坛，中心称"内坛"，两坛墙之间的地段，称"外坛"，坛墙北圆南方，象征"天圆地方"；主要建筑在内坛的南北中轴线上；两坛由一座长360米、宽近30米、南低北高的丹陛桥相连，代表"步步升天"。

俯瞰天坛

圜丘坛

圜丘坛是天坛内主要建筑，位于内坛墙内南半部中央，为皇帝祭天的场所，建于明嘉靖九年(1530年)。坛仿南京圜丘台的规格式样，为蓝色琉璃砖台。清乾隆十四年(1749年)将坛面、栏板、栏柱换成了艾叶青石。坛为圆形，高5.33米，共3层，每层四面台阶各9级。上层坛面中央是一块圆形中心石板，称"太极石"。环绕太极石墁嵌9块扇形石板为第一层第一重，第二重则在此数上递增9块墁嵌石板至18块，直到第九重墁嵌石板达81块。中层坛面从90块石板起为第二层第一重，至第九重162块止，共有石板1134块。下层坛面从171块石板起为第三层第一重，共1863块。坛面周围由石栏环绕，石栏上嵌着雕刻花纹的石板，上层为72块，中层为108块，下层为180块，三层坛面的栏板总数

圜丘坛又称"祭天台"、"拜天台"，象征"天圆地方、天地合一"。

为360块。圜丘坛的设计和建造,既符合几何原理,又合乎古代"天数",坛面、台阶、栏板等所用石板、石块均为"九"或其倍数,因为九是最大的"天数"。圜丘坛的奇妙之处还在于人站在太极石上轻唤一声,便会听到从四面八方传来的回声。

皇穹宇　皇穹宇位于圜丘坛正北,是专门供奉上天诸神和皇帝祖先牌位的殿宇,俗名"寝宫",始建于明嘉靖九年(1530年)。它坐落在3米高的圆形须弥座上,殿高19.5米,底部直径15.6米。殿内由8根檐柱和8根金绘串枝莲图案的支柱支托屋顶,上面是弧形短梁。柱顶端有鎏金斗拱托着金龙藻井,藻井中心绘大金团龙,周围金龙360条,象征周天为360度。

祈谷坛

祈谷坛位于内坛墙内北半部中央,是祈求丰收的地方,为三层圆形石台,与圜丘坛形状一样,台面墁嵌清水澄浆方砖,称"金砖"。每层石台都建有雕花的汉白玉栏杆。祈谷坛内主要建筑有祈年殿、皇乾殿、祈年门等。

皇穹宇位于圜丘坛正北,是明清王朝放置祭祀神牌位的殿宇。

祈年殿　祈年殿坐落在祈谷坛上,是专为皇帝祈雨和祈祷丰年的场所,建于明永乐十八年(1420年)。祈年殿覆蓝琉璃瓦圆形屋顶,上层檐下悬挂"祈年殿"飞龙华带匾。殿内部构造为层层相叠而环接的穹顶式,类似砖砌券殿。其中内外檐柱各12根,藻井檐柱4根,共28根楠木柱,支撑着殿顶中央处的九龙藻井,称"龙井柱"。4根藻井檐柱象征一年的四季;中层12根金柱象征12个月;外层的12根檐柱象征12个时辰;中、外层相加24根,象征二十四节气;三层相加28根,象征二十八星宿;再加上柱顶上的8根重柱,象征三十六天罡。藻井下面的一根"雷公柱",象征着"一统天下"。殿内石板地面中心墁嵌圆形大理石,上有天然龙凤纹,俗称"龙凤石",与殿顶中央的龙纹藻井及殿内壁的"龙凤和玺"彩画交相辉映。

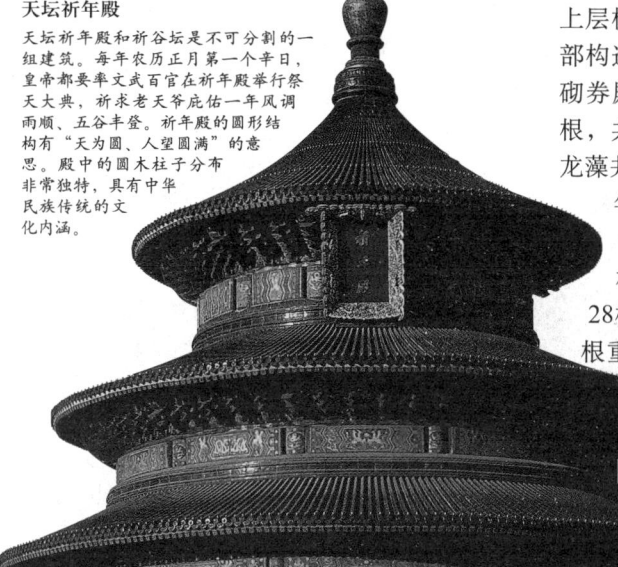

天坛祈年殿
天坛祈年殿和祈谷坛是不可分割的一组建筑。每年农历正月第一个辛日,皇帝都要率文武百官在祈年殿举行祭天大典,祈求老天爷庇佑一年风调雨顺、五谷丰登。祈年殿的圆形结构有"天为圆、人望圆满"的意思。殿中的圆木柱子分布非常独特,具有中华民族传统的文化内涵。

颐和园
The Imperial Summer Palace
中国园林建筑的博物馆

颐和园山水相依，景色优美，是中国最大的皇家园林。

颐和园是中国现存最完整、规模最大的皇家园林，位于北京城西北郊，主要由万寿山、昆明湖及宫廷区组成。颐和园是清代的皇家花园和行宫，其前身"清漪园"于1860年被焚毁，1866年经重建，改名"颐和园"；1900年，颐和园又遭八国联军严重破坏，1902年再次修复。颐和园内的建筑结构皆以自然山水为基础，其建筑形式多模拟江南名胜古迹，或肖其意，或仿其形，因地制宜地创建了众多绚丽恢宏的廊、桥、亭、榭、殿、宇、楼、台，堪称园林建筑博物馆。

颐和园
所属洲 亚洲
所属国 中国
地点 北京城区西北
列入名录年份 1998年
文化遗产 由万寿山、昆明湖两部分组成的中国最大、保存最完整的皇家园林，包括佛香阁、仁寿殿、排云殿、十七孔桥等著名建筑。
意义 中国与世界现存最完整的皇家园林，其人工景观与山水合为一体，堪称风景园林的杰作。

佛香阁
佛香阁是颐和园最大的建筑物之一，园中随处可见其风貌。

万寿山

万寿山原名"瓮山"，传说有一位老人在山上掘出装满宝物的石瓮而得名。清乾隆十五年(1750年)，乾隆为了庆祝其母60岁生日，将瓮山改名"万寿山"。万寿山地处颐和园的中心部位，荟萃了园内建筑精华，是宫廷功能、宗教功能、园林功能的集中体现。整个景区由两条垂直对衬的轴线统领，东西轴线就是著名的长廊，南北轴线从长廊中部起依次为排云门、排云殿、德辉殿、佛香阁等。

佛香阁 佛香阁踞山面水，为全园建筑布局的中心。"佛香"二字来源于佛教对佛的歌颂。佛香阁建于

乾隆十五年(1750年)，后被烧毁；光绪十七年(1891年)重建，耗银78万两，是重修该园花费最大的工程项目。该阁仿杭州的六和塔建造，筑在万寿山前山的巨大石造台基上。这座台基包山而筑，把佛香阁高高托举于山脊之上。佛香阁结构复杂、气势磅礴，是座艺术价值很高的古典建筑。慈禧崇信佛教，每逢农历初一和十五会在此烧香拜佛，以求神灵保佑。颐和园的设计集中了全国的景色，如南湖岛上的望蟾阁仿武昌的黄鹤楼，十七孔桥仿卢沟桥，后山的苏州街是仿苏州的买卖街而建的。

昆明湖

昆明湖约占全园面积的3/4，与密云水库相连，原名"瓮山泊"。清代乾隆年间，乾隆帝以为母祝寿、兴修水利和操练水师之名，将瓮山泊仿杭州西湖大加扩展，并据汉武帝挖昆明池练水军的典故而改今名。昆明湖以西堤及一条短堤为界，划分为三个水域，并据道教"一水三山"之说，分别于湖上筑南湖岛、藻鉴堂和治镜阁三座岛屿，以象征神话中海上的蓬莱、方丈、瀛洲三座仙山。湖区湖水浩淼，山岛耸峙，堤桥多姿，建筑宏丽，风光绝佳。

石舫 石舫是昆明湖的著名建筑，建于乾隆二十年（1755年）。乾隆引用唐代魏征"水能载舟，亦能覆舟"的典故建造，象征清朝政权"稳如磐石，永不能覆"。昆明湖石舫主体由大理石雕成，1860年英法联军将舫上楼阁烧毁；1893年重建时，改为西洋式楼阁，并配以彩色玻璃窗。石舫两层船舫各有大窗，细雨迷离之时，慈禧坐在窗前，一面品茗，一面欣赏窗外雨景。船体突出四个龙头，每当大雨之时，楼顶雨水从四角的空心管流下，并由龙口吐出，十分奇巧。

宫廷区

宫廷区主要包括仁寿殿、德和园、乐寿堂和谐趣园。仁寿殿是皇帝召见群臣的正殿。它的前面陈列着铜铸的龙、凤、麒麟；殿内的九龙宝座、御案都是用名贵的沉香木和紫檀木雕刻而成的。德和园是当年慈禧看戏的戏楼，园中的大戏台是清代三大戏台中最大的一座。乐寿堂在德和园的西面，是慈禧的寝宫，也是园内位置最好的居住和游乐的地方。乐寿堂的庭院里种着玉兰、海棠，寓意"玉堂富贵"；堂前排列着铜鹿、铜鹤，寓意"六合太平"；堂内悬挂的五彩玻璃吊灯，是中国现存最早的电灯。谐趣园位于万寿山东麓，是一个独立成区、具有南方园林风格的园中之园，谐趣园仿照无锡惠山的寄畅园建成，面积近万平方米。谐趣园内共有亭、台、堂、榭13处，并用百间游廊和五座形式不同的桥相沟通。

十七孔桥从桥两端数来刚好都是"九"。而"九"为极阳数，是过去封建帝王最喜欢的吉利数字，所以桥被建成17个孔。

石舫是昆明湖著名的水上建筑。

明清皇陵
Imperial Tombs of Ming and Qing
世界上规模最大的皇家陵寝

陵墓是中国封建帝王对灵魂信仰的集中体现。在中国古代两千多年的陵墓建造史上有三个辉煌时期：一个是以秦皇陵和汉茂陵为代表的秦汉时期，一个是以唐昭陵为代表的唐代，第三个便当数明清时期的皇家陵寝了。明清皇家陵寝依照风水理论精心选址，将数量众多的建筑物巧妙地安置于地下。明清皇陵包括明孝陵、明显陵、明十三陵、清东陵和清西陵五处陵园。它们是人类改变自然的产物，体现了传统的建筑和装饰思想，阐释了封建帝王持续500余年的世界观与权力观。

明清陵制

明朝开国皇帝朱元璋对陵寝制度作了重大改革。他将地上的封土堆由以前的覆斗式方形改为圆形或长圆形，又取消寝宫，扩大祭殿建筑。清代沿袭明代陵寝制度，更加注重陵园与周围山川形胜的结合，注重按所葬人辈分排列顺序，还形成了帝、后、妃陵寝的配套序列，在祭祀制度上也更加完善、合理。

明孝陵

明孝陵是明太祖朱元璋和皇后马氏合葬的陵寝，迄今已有六百多年历史，位于江苏省南京市紫金山南麓独龙阜玩珠峰下，据说是朱元璋自选的"寿宅之所"。陵园现存下马坊、碑亭、石兽、望柱、翁仲石人、四方城和宝城等古迹。据考证，明孝陵的整体采用了类似北斗七星形状的布局。《大明神功圣德碑》称朱元璋"审天象、作地志"，说明他很讲究天象和风水。因此，朱元璋完全有可能在自己的陵寝设计中，吸纳中国古代的"魂归北斗"的思想，以北斗作布局，归宿于被"四灵"环绕的天帝居住之所。

孝陵享殿又称"孝陵殿"，原建筑规模宏伟，后毁于战火。根据现存的三层须弥座台基之上的殿基可推断出当年的享殿面阔九间，进深五间，规模与北京的长陵享殿相近。

明显陵

明显陵位于湖北省钟祥市城东7.5千米的纯德山，是明世宗嘉靖皇帝父母亲的合葬墓。明显陵在规划布局上，根据"负阴

明清皇陵
所属洲 亚洲
所属国 中国
地点 明孝陵江苏南京，明显陵湖北钟祥，明十三陵北京，清东陵河北遵化，清西陵河北易县
列入名录年份 明显陵、清东陵、清西陵2000年，明十三陵、明孝陵2003年
文化遗产 包括明清两代皇家的五处陵园。
意义 代表了明清时期皇家陵园的最高成就。

抱阳"、"背山面水"的原则，形成了一个与自然高度相和谐的局部小环境。而在建筑手法上，明显陵也独辟蹊径，如一陵二寝、"宝瓶"形的外围城、九曲回环的御河、龙形神道和内外明塘等，建造出了不同于以往的皇家陵园。

明十三陵讲究风水观念，处于群山环抱之中，整体性强，布局分明。图为明十三陵永陵。

明十三陵

明十三陵是中国明代13位皇帝陵墓的总称，位于北京市昌平区境内的天寿山下，是世界上保存较为完整的、埋葬皇帝最多的皇陵群。陵区各陵墓在群山环绕之中，均依山面水而建，建筑样式相仿，但规模不一，其中以长陵的规模最为宏大、雄伟。

清东陵

清东陵位于河北省遵化市西北昌瑞山南麓。从顺治十八年（1661年）始建孝陵，到1908年定东陵（慈禧陵）全部竣工，先后建起皇帝陵5座，皇后陵4座，后妃园寝5座和公主园寝1座。陵园面积为78平方千米，陵内有单体建筑580座，神道总长14.5千米。清东陵依照中国传统风水学理论选址并营建，是集皇家陵墓、宫殿、园囿于一体，融风水学、建筑学、美学于一炉的成功典范，也是中国现存规模最为宏大、体系最为完整、保存最为完好的帝王陵墓建筑群。

清东陵的石象体态较明十三陵石象更粗壮古朴。

孝陵神道中段为石象路，这段路上相向排列着12对石兽，姿态是一对伏，一对立。

方城是孝陵地下宫城的象征性城楼，中间有一条甬道，穿过甬道可以登上明楼。现明楼屋顶已毁，仅存四壁，外红内黄。

清西陵

清西陵位于河北省易县城西15千米的永宁山下，始建于雍正八年（1730年）。清西陵包括帝陵4座、皇后陵2座、后妃合葬墓1座、嫔妃园寝3座、王爷公主园寝4座以及溥仪墓。其中，泰陵是清西陵中最早、规模最大、功能最齐备、布局与形制最符合中国古代风水观的帝陵。清西陵规模宏大、布局合理、内涵丰富，其建筑技艺之精湛在中国皇家陵寝建筑中绝无仅有。清西陵以大量的实物形象和文字史料，从不同侧面展示了18世纪30年代到20世纪初期清王朝由盛至衰的演变过程。它以其雄伟壮观的磅礴气势，堪称中国古代陵寝建筑中的精美杰作。

莫高窟
The Mogao Caves of Dunhuang
—— 东方佛教艺术明珠 ——

敦煌莫高窟是我国甘肃省敦煌市境内的莫高窟和西千佛洞的总称，是中国著名的四大石窟之一，也是世界上最大、内容最丰富和使用时间最长的佛教艺术宝库。莫高窟位于甘肃省敦煌市东南25千米鸣沙山东麓的断崖上，据碑文记载，前秦建元二年（336年），有沙门乐尊者行至此处，见鸣沙山上金光万道，状有千佛，于是萌发开凿之心，后经不断扩建，遂成佛门圣地，号为"敦煌莫高窟"，俗称"千佛洞"。

莫高窟前的古代佛塔

莫高窟第96窟，内有一尊高33米的弥勒佛坐像彩塑。

莫高窟坐落于甘肃鸣沙山断崖上。

人文价值

莫高窟地处"丝绸之路"，古代中国、印度、伊斯兰和欧洲四大文明体系在这里交汇融合。在莫高窟的大量造像和壁画中，可以找到来自中亚、南亚以及欧洲的艺术因素，古代艺术家们将这些因素与中国传统的艺术特色相结合，创造出了精彩绝伦的敦煌佛教艺术。1900年，一名道士偶然发现了莫高窟藏经洞，内有文书、经文、文物4万余件，这成为20世纪世界文化史上最有价值的发现。

洞窟概况

莫高窟分布在鸣沙山东麓崖壁上，上下五层，南北长约1600米，始凿于公元366年，后经历代增修。莫高窟现存洞窟492个、壁画45000余平方米、彩塑2400余身、飞天4000余身、唐宋木结构建筑5座、莲花柱石和铺地花砖数千块，是集建筑、彩塑和壁画于一体的艺术宝库。洞窟建筑形式主要有禅窟、中心塔柱窟、佛龛窟、佛坛窟、大像窟等。彩塑内容主要有佛、菩萨、弟子、天王、力士等。壁画内容丰富博大，分为佛教尊像画、佛经故事画、佛教史故事画、经变画、神怪画、供养人画像、装饰图案等七类，是古代社会历史形象的反映。精美的彩塑与壁画系统地反映了各个时代的艺术风格及其传承演变，具有珍贵的历史、艺术和科技价值。

莫高窟	
所属洲	亚洲
所属国	中国
地点	甘肃敦煌东南鸣沙山东麓断崖上
列入名录年份	1987年
文化遗产	莫高窟遗迹，包括现存石窟492洞、壁画4.5万平方米、彩塑2400多尊，及中部壁画的千佛、佛传故事、本生故事和因缘故事等。
意义	璀璨瑰丽的佛教艺术宝库。

洞窟形式

北朝时期洞窟窟形主要有"禅窟"（平面呈方形，两侧壁附有小禅室）、"中心塔柱窟"（平面呈方形，中后部凿有连顶接地的方形塔柱）和"殿堂窟"（平面呈方形，正壁开龛造像或仅造像）。隋唐时期的洞窟窟形多样，除四壁一龛窟、中心塔柱窟外，还出现了四壁三龛窟、佛坛窟、大像窟等新的形式。五代、宋时期的洞窟基本继承晚唐的规范，窟形主要有中心佛坛窟和四壁一龛窟。西夏、元时期的洞窟窟形出现一种在平面方形窟顶覆斗形窟的中央设多层圆形佛坛的新形式。

彩塑

莫高窟有彩塑2400多尊，大者高达数10米，小的不满10厘米；有的雄伟浑厚，有的小巧玲珑，其雕画造诣之精深、构图想像之丰富是十分惊人的。彩塑主要分为圆塑和影塑两种。圆塑包括主像和其两侧的胁侍像：主像有释迦牟尼、弥勒、释迦多宝等；胁侍像为二菩萨、二弟子以及天王、力士等。影塑有粘贴于中心塔柱和四壁上方的供养菩萨、飞天、千佛等。不同时期的彩塑人物神情各不相同：北朝时期的彩塑体态健硕，神情端庄宁静，姿态简单，风格简朴厚重；隋唐时期的彩塑造型浓丽丰肥，曲眉丰颐，写实手法高超，深入人物内心世界。

壁画

敦煌壁画主要有佛像画、佛经故事画、传统神话传说画等。佛像画人物包括佛、菩萨、弟子、天宫、伎乐、金刚力士等。佛经故事画包括佛传故事画，描述释迦牟尼一生或某些主要事迹的传记故事；本生故事画为释迦牟尼前生做各种善行救度众生的故事，如割肉贸鸽、须达拿乐善好施等13种；因缘故事画，为佛度化世人或外道皈依佛教的故事，有沙弥守戒自杀、五百盲贼得眼皈依等9种。故事画有单幅单情节、单幅多情节、多幅连环画等形式。传统神话传说画人物有东王公、西王母、伏羲、女娲、羽人、风神、雷公、辟电等。早期壁画设色厚重、浓丽，线描挺拔，风格朴拙，并有浓厚的西域佛教艺术特征；晚期壁画设色明快爽朗，线描遒劲，风格清新洒脱，呈现中原风格。壁画中所绘的大量亭台、楼阁、寺塔、宫殿、城池、桥梁等是研究中国古代建筑形象图样的宝贵资料。中国的雕塑和绘画已有数千年的历史，美术史上记载的许多著名画家的作品多已失传，敦煌艺术的大量壁画和彩塑为研究中国美术史提供了丰富的实物资料。

莫高窟第249窟《狩猎图》，以简练的笔法和生动的形象表现了人们于山林中狩猎的情景。

龙门石窟
Longmen Grottoes
——佛教造像和石刻艺术的宝库

龙门石窟位于我国河南省洛阳市区以南12千米处,是我国著名的石窟之一。龙门是一个风景秀丽的地方,这里有东、西两座青山对峙,伊水缓缓北流;远远望去,龙门犹如一座天然门阙,所以古称"伊阙",唐后多称"龙门"。龙门石窟始凿于北魏孝文帝迁都洛阳前后,后经东魏、西魏、北齐、北周,到隋唐至宋等朝代连续大规模的营造达400余年。龙门石窟密布于伊水东西两山的峭壁上,南北长达1000米,共有1300多个石窟,现存窟龛2345个,题记和碑刻3600余品,佛塔近50座,造像10万余尊。龙门石窟保留着大量的宗教、美术、书法、音乐、服饰、医药、建筑和中外交通等方面的实物史料,体现出了我国古代劳动人民很高的艺术造诣。

文殊菩萨像(右)

文殊菩萨,全称"文殊师利",或作"曼殊室利"。文殊像通常作为释迦佛的左胁侍,代表智慧、聪颖和实现。其塑像多为"非男非女相",更近于女性。

奉先寺

奉先寺是龙门唐代石窟中最大的一个,长宽各30多米。据碑文记载,此窟开凿于唐代武则天时期,历时三年。洞中佛像明显体现了唐代佛像的艺术特点,面形丰肥、两耳下垂,神情安详、温存、亲切,极为动人。

卢舍那佛坐像

石窟正中卢舍那佛坐像为龙门石窟最大的佛像,身高17.14米,头高4米,耳朵长1.9米,造型丰满,仪表堂皇,衣纹流畅,具有高度的艺术感染力,实是一件精美绝伦的艺术杰作。据佛经说,"卢舍那"意即"光明遍照"。细看这尊佛像,丰颐秀目,嘴角微翘,呈微

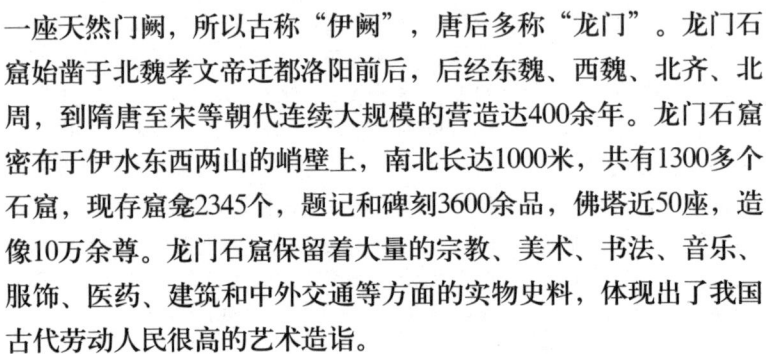

奉先寺内的主佛、弟子、菩萨等造像

端坐于奉先寺佛龛中央的主佛卢舍那佛像

万佛洞

万佛洞在宾阳洞南边，洞中刻像丰富，南北石壁上刻满了小佛像，很多佛像仅一寸，或几厘米高，计有1500多尊。正壁菩萨佛像端坐于束腰八角莲花座上。

龙门石窟	
所属洲	亚洲
所属国	中国
地点	河南洛阳
列入名录年份	2000年
文化遗产	窟龛2345个，造像10万多尊，碑刻题记3600多块，佛塔近50座。
意义	对中华民族历史文化的形成和发展产生了深远的影响。

束腰处有四力士，肩托仰莲。后壁刻有莲花54枝，每枝花上坐着一尊菩萨或供养人。壁顶上浮雕伎乐人，个个婀娜多姿，形象逼真。沿口南壁上还有一座观音菩萨像，手提净瓶举尘尾，体态圆润丰满，姿势优美，十分传神。

力士像威武雄壮，气势逼人。　天王手托宝塔，魁梧刚劲。

笑状，头部稍低，略作俯视态，宛若一位睿智而慈祥的中年妇人，令人敬而不惧。这尊佛像把高尚的情操、丰富的感情、开阔的胸怀和典雅的外貌完美地结合在一起，使其具有巨大的艺术魅力。

宾阳洞

龙门石窟中另一个著名洞窟是宾阳洞。这个窟前后用了24年才挖掘完成，是开凿时间最长的一个洞窟。洞内有11尊大佛像，主像释迦牟尼，高鼻大眼、神态端详，左右两边有弟子、菩萨侍立；佛和菩萨面相清瘦，目大颈平，衣锦纹理刻画周密，有明显西域艺术痕迹。窟顶雕有飞天，挺健飘逸，是北魏中期石雕艺术的杰作。洞中原有两幅大型浮雕《皇帝礼佛图》、《太后礼佛图》，画面上分别以魏孝文帝和文昭皇太后为中心，前簇后拥，组成礼佛行列，构图精美，雕刻细致，艺术价值很高。可惜后来被不法奸商盗运到美国，现分别藏于美国堪萨斯城纳尔逊艺术馆和纽约市艺术博物馆。

古阳洞

古阳洞又叫"石窟寺"，是北魏孝文帝迁都后，贵族显宦兴造佛像较为集中的一个石窟。该洞利用天然溶洞扩凿而成，为龙门开凿最早、雕刻内容最丰富的洞窟，龛形设计精巧，内容极为丰富。洞内主佛属北魏风行的清秀型，略带微笑；二菩萨戴宝冠、着长裙、饰璎珞宝珠，庄严文静。南北高11米的壁面上的层层列龛多是为随孝文帝征战的将领发愿所造的。值得一提的是，魏体书法最有代表性的"龙门二十品"中，十九品在该洞。这些造像题记中往往涉及当年的史实，因此，它们不仅是魏碑书法的代表作，也是具有研究价值的史料。

布达拉宫和大昭寺
Potala Palace and the Jokhang
美丽而神秘的圣城

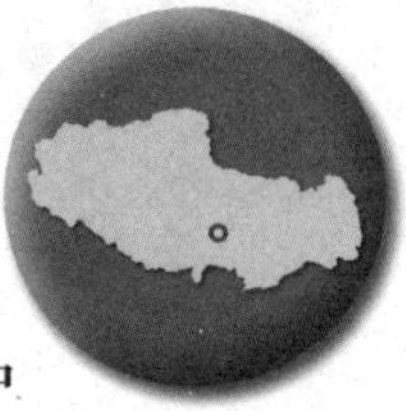

宗教圣地布达拉宫和大昭寺位于西藏自治区拉萨市,均筑于公元7世纪,是吐蕃赞普松赞干布为迎娶唐文成公主而建的。布达拉宫和大昭寺是西藏佛教和历代行政统治的中心,华美绚丽的装饰与天然美景的完美融合使其在历史和宗教特色之外平添了几分绚美丰采。

白宫的白色在藏族传统中具有吉祥、和平的象征意义。

布达拉宫

布达拉宫位于西藏自治区拉萨市的红山上,海拔3763米,是西藏现存最大的宫堡式建筑群,集中体现了西藏建筑、绘画、宗教艺术的精华。布达拉宫整体建筑群分为四个部分,即:白宫、红宫;原西藏地方政府的办事机构、印经院和为达赖服务的作坊、马厩;宫墙、宫堡、宫门;宫后的龙王潭、龙王宫及大象房。其中,白宫、红宫为布达拉宫的主体建筑,体现着独具一格的藏式建筑风格。

白宫 白宫是历代达赖生活起居和进行重大宗教、政治活动的地方,高7层,东西长约320米,南北宽约200米,主要由日光殿、东大殿、坛城殿、极乐宫等殿堂组成。东大殿全称"东有寂圆满大殿",是白宫内最大的宫殿,位于白宫第四层,建于17世纪中叶。历世达赖喇嘛在这里举行坐床、亲政大典等仪式。日光殿位于白宫的最高处,包括西

布达拉宫的主体建筑——红宫

布达拉宫重重叠叠，迂回曲折，同山体融合在一起，金碧辉煌，壮观巍峨，是西藏人民伟大创造力的象征。

日光殿和东日光殿两组建筑，因终日阳光普照而得名。殿内陈设豪华，彩绘连壁，雕梁画栋，绣毯铺地，珠光宝气。

红宫 以红宫为主体的建筑群位于布达拉宫的中部，竣工于1694年，是供奉历代达赖喇嘛肉身以及进行各种宗教活动的场所。建筑坐北朝南，共6层，主要由8座达赖喇嘛灵塔殿、西大殿、弥勒佛殿、上师殿、殊胜三界殿、圣观音殿和各种佛堂等建筑组成。其中，五世达赖灵塔是宫中建筑最早、最大的灵塔，内葬有五世达赖的肉身。灵塔共用纯金3721千克包裹，所镶各种珍贵的金刚石、红绿宝石、翠玉、珍珠、玛瑙等奇珍异宝15000多颗，价值是等量黄金的10倍以上。

大昭寺

大昭寺位于西藏自治区拉萨市中心，始建于公元647年，距今已有1300多年的历史，是藏王松赞干布为纪念文成公主入藏而建的，后经历代修缮增建，形成了庞大的建筑群。全寺建筑面积达25100余平方米，有20多个殿堂，是拉萨最古老的寺庙。大昭寺为西藏现存的吐蕃时期最辉煌的建筑，也是西藏最早的土木结构建筑。

> **布达拉宫和大昭寺**
> 所属洲 亚洲
> 所属国 中国
> 地点 西藏拉萨
> 列入名录年份 布达拉宫1994年，大昭寺2000年
> 文化遗产 布达拉宫坐落在拉萨河谷中心海拔3700多米的红山之上，由白宫和红宫及其附属建组成；大昭寺位于拉萨市内，有大昭寺内释迦牟尼铜像等塑像以及唐柳、出痘碑等历史遗迹。
> 意义 是藏传佛教的建筑杰作。

经堂大殿 经堂大殿是大昭寺的主要建筑，殿高四层，建筑构件为汉式风格，柱头和屋檐的装饰则为典型的藏式风格。大殿的一层供奉有唐代文成公主带入西藏的释迦牟尼金像。二层供奉松赞干布、文成公主和赤尊公主的塑像。三层为一天井，是一层殿堂的屋顶和天窗。四层正中为四座金顶。大经堂可见造诣精美的千手千眼观世音塑像，其两侧各有装饰华丽的佛像，左为莲花生，右为强巴佛。正殿通道入口处右侧的壁画是关于大昭寺建寺的故事，描绘了公元7世纪的布达拉宫和当年山羊驼土填湖建大昭寺的情景。

八廓街 八廓街是拉萨最古老的街，不少人称它为"拉萨的足迹"；"八廓"在藏语里是"转中圈"之意。到拉萨来朝佛转经的人们，在大昭寺里面转一圈，叫"转内圈"；围着大昭寺在八廓街上转一圈，叫"转中圈"；而以大昭寺为中心，围绕药王山、布达拉宫、小昭寺转拉萨城一圈为"转外圈"。

大昭寺酥油灯

大昭寺正门

大昭寺八廓街磕长头的藏民

秦始皇陵
Mausoleum of Qin Emperor
始皇帝的地下军阵

秦始皇陵位于陕西省距西安市30多千米的临潼县城以东的骊山脚下。秦始皇继位后不久,便开始在骊山营建他的陵墓,统一六国后,更从全国各地征调70万人参加陵墓的修建。陵墓前后费时近40年,至秦亡时陵园尚未完全竣工。秦始皇陵园平面呈南北长、东西宽的长方形,整个陵园以封土堆为中心向四方延伸,是中国历史上规模最大的陵园。秦始皇陵布局完整,随葬品丰富,在中国陵墓史上具有十分重要的地位。

陵园区

陵园的设计建造仿照秦始皇生前所住过的咸阳宫,有内外两重城垣,为回字形建筑,象征着都城的皇城和宫城。陵园布局的核心是地宫,其他城垣、主体建筑、陪葬墓、陪葬坑等皆围绕着它。秦陵地宫位于内城南半部的封土之下,相当于秦始皇生前的宫城。在宫城和内城之间的广大区域分布着许多用于祭祀、陪葬的建筑。这些设施的基本内涵说明这里相当于秦始皇的宫廷。

陵墓丛葬区

丛葬区主要指兵马俑坑。1974年以来,在陵园东1500米处发现丛葬兵马俑坑三处,出土陶俑7000余件、战车百乘以及数万件实物兵器等文物;1980年又在陵园西侧出土青铜铸大型马车两乘。皇陵丛葬区是秦始皇陵园的一个有机组成部分,象征着秦陵地下王国的

秦陵兵马俑以其巨大的规模、威武的场面和高超的科学、艺术水平,使世人惊叹不已。

秦始皇陵

所属洲 亚洲
所属国 中国
地点 陕西临潼
列入名录年份 1987年
文化遗产 象征着秦始皇陵园卫戍军的兵马俑,位于秦始皇陵东侧的一个大型陪葬坑内,三个俑坑共埋葬了7000余件兵马陶俑,俑坑中央是秦始皇的坟墓。
意义 被誉为"世界第八大奇迹"、"二十世纪考古史上的伟大发现之一",是中国和世界雕塑史上的瑰宝。

军队:一支庞大的冥军队伍。三个坑基本呈品字形排列,均为地下坑道式土木结构建筑,它们既相互分割,自成单元,又紧密相关,浑然一体,共同构成庞大严密的地下军事营垒。秦陵兵马俑无论是数量还是质量都是世界罕见的考古发现,对于深入研究公元前2世纪秦代的军事、政治、经济、文化、科学和艺术等都提供了极为珍贵的实物材料。它既是中国人民的艺术珍品,又是全世界人民共同的文化遗产。

陶俑与陶马形态逼真,雕塑艺术臻于完美。

陵园外城区

外城即是内城垣和外城垣之间的外廓城部分。在外城西区(西内城垣与西外城垣之间的区域)的地面和地下设施最为密集,其中建筑基址约占据了西区空间的2/3。外城南北长2165米,东西宽940米,周长6210米。外城的四面各有一门,其中南北两门相对,位于南北轴线上。原来有门阙及角楼建筑,其内涵为象征都城内的厩苑、苑囿及园、寺、舍等,是为皇帝玩乐游弋服务的。陵墓最外围是外城垣之外的地区,这里有众多为建设、陪葬和管护秦始皇陵园而设置的机构、场所和坑池。

马厩坑

马厩坑象征着秦王朝的厩苑,马是宫廷的苑马,陶俑即皇家厩苑内养马的仆役。在秦始皇陵园范围内,目前已发现用真马陪葬的马厩坑两处:一处位于秦皇陵东侧的上焦村一带;另一处位于始皇陵西侧内外城垣之间。上焦村一带的马厩坑已发现98座。这些坑有序地作南北向三行密集排列。坑内有的埋着一匹马,有的埋着一个跽坐的陶俑,有的俑、马同坑。所有的坑均东西向,马头面西,陶俑多数面东。马的骨骼基本完整,有的置于长方盒状的木椁内,当是杀死后埋入的。俑作跽坐状,两手向前搭于双膝上,两膝着地,臀部压在双脚的后跟上;脑后梳圆形发髻,发辫的纹理、脉络刻画得十分清晰;还留有短短的胡须;面部表情严肃,显示出卑微的身份。跽坐俑出土于马厩坑,说明他们是掌管马厩或养马的人。

清晰的战车遗迹让人联想起群雄割据的春秋战国。

秦嬴政统一六国,死后亦光耀百代,而留给后人的只是一列列沧桑的背影。

文化价值

秦始皇陵是世界上规模最大,结构最奇特、内涵最丰富的帝王陵墓之一。秦始皇陵兵马俑是可以和埃及金字塔和古希腊雕塑相媲美的世界人类文化的宝贵财富,为深入研究秦朝时期的军事、政治、经济、文化、科学、艺术等,提供了十分珍贵的实物资料。秦始皇陵的发现是20世纪中国最重大的考古成就,它充分表现了两千多年前中国人民巧夺天工的艺术才能,是国家的瑰宝、中华民族的骄傲。

一号坑武士俑

苏州园林
The Classical Gardens of Suzhou
中国古典园林的瑰宝

古来素有"上有天堂，下有苏杭"之说，这样的美誉，对于江苏古城苏州来说名副其实。而中国古典园林成就的集大成者——苏州园林，更无人不知。据记载，苏州城内有大小园林近两百处。其中沧浪亭、狮子林、拙政园和留园分别代表着宋、元、明、清四个朝代的艺术风格，被称为苏州"四大名园"，另外网师园、环秀山庄也颇负盛名。

沧浪亭

沧浪亭位于苏州城南，是苏州现存最古老的园林，原为五代吴越广陵王钱元的花园，后几易其主，曾为宋代名将韩世忠的住宅。沧浪亭于元代改为"大云庵"，明清时几经修建。其造园艺术与众不同，未进园门便设一池绿水绕于园外。园内以山石为主景，迎面一座土山，沧浪石亭便坐落其上。山下凿有水池，山水之间以一条曲折的复廊相连。土山东南部的明道堂是园林的主建筑，此外还有五百名贤祠、看山楼、翠玲珑馆、仰止亭和御碑亭等建筑与之衬映。宋代诗人苏舜钦在水旁筑亭，取《楚辞·渔父》"沧浪之水"词，因而得名"沧浪亭"。后又因欧阳修的《沧浪亭》长诗"清风明月本无价，可惜只卖四万钱"之句闻名天下。

狮子林

狮子林位于苏州城东北部，元至正年间（1342～1368年），由僧人天如禅师创建而成。因园内石峰林立，多状似狮子，故名。狮子林平面呈长方形，分为东、西、北、中四个景区，各区以回廊连接，廊中嵌有著名的"留园法贴"。园内东南多山，西北多水，建筑分布错落有致，主要有燕誉堂、见山楼、飞瀑亭、问梅阁等。狮子林主题明确，个性分明；其独具匠心的假山洞壑代表了元朝园林的建筑风格。

网师园虽面积不大，但全园景物玲珑精致，曲折幽深，小中见大。

拙政园

拙政园是中国四大名园之一（另三座为北京颐和园、承德避暑山庄和苏州留园），位于苏州娄门内，明正德年间（1506～1521年）修建，为苏州最大的一处园林，代表了江南古典园林的最大成就。拙政园以水为中心，仅水的面积就占了全园的3/5，各种亭台轩榭多临水而筑。园林分为东、西、中三部分，东部主要有兰雪堂、秋香馆；西部主要为三十六鸳鸯馆和十八曼陀罗花馆，馆内大量的奇花异草常开不败；中部的复园是全园的精华，有见山楼、远香堂、听雨轩、小飞虹等。拙政园建筑布局疏落相宜，古木参天，代表了明代园林的建筑风格。传说清代文学家曹雪芹曾在园里住过，他描写的大观园素材就得自于拙政园。

留园

留园坐落在苏州市阊门外，始建于明代，清嘉庆年间归刘恕。留园原名"东园"，清代时称"寒碧山庄"，俗称"刘园"，后改为"留园"。留园中部以山水为主，是全园的精华所在，主要建筑有涵碧山房、明瑟楼、远翠阁、曲溪楼、清风池馆等。留园内建筑的数量在苏州诸园中居冠，其在空间上的突出处理，充分体现了清代造园家的高超技艺和超凡智慧。

拙政园文人气息尤其浓厚，处处诗情画意，被誉为中国私家园林之最。

留园集住宅、祠堂、庙庵、庭院于一体，是我国大型古典园林之一，代表了清代风格。

网师园

网师园位于苏州城东南部，始建于南宋时期，当时称为"渔隐"。清代乾隆年间重建，取"渔隐"旧意，改名为"网师园"。网师园占地约5000平方米，是苏州园林中最小的一座。园内主要建筑有丛桂轩、濯缨水阁、看松读画轩、殿春等。网师园的亭台楼榭无不临水，全园处处有水可依，各种建筑配合得当，以古、奇、雅和色、香、姿的特点闻名于世。

环秀山庄

环秀山庄地处苏州市的景德路。始建于唐末，宋代称为"乐园"。清代重修，取名"环秀山庄"，其最大的特色是湖石堆砌的假山。环秀山庄虽面积不大，但山石峥嵘挺拔，山道曲折回环，游人过后，方能体会此设计的巧妙。

苏州园林

所属洲　亚洲
所属国　中国
地点　江苏苏州
列入名录年份　狮子林、拙政园、网师园、留园、环秀山庄1997年，沧浪亭2001年
文化遗产　在16～18世纪的全盛时期有大小园林近两百处，现只有数十处保存完好，但依旧使苏州具有"人间天堂"之称；其中具有典型意义的为沧浪亭、狮子林、拙政园和留园。
意义　中国古典园林的杰出代表，被公认为是实现"咫尺之内再造乾坤"这一设计理想的典范。

宏村、西递
Old Villages of Hongcun and Xidi
— 中国传统民居的杰出代表 —

宏村、西递是皖南黟县最富有代表性的两座古村落。村落的民居建筑群是徽派建筑艺术的集中体现，村落选址、布局和建筑形态，体现了天人合一的中国传统哲学思想和对大自然的向往与尊重。这些典雅的明、清民居建筑与大自然紧密相融，创造出了一个既合乎科学，又富有情趣的生活居住环境，是中国传统民居的精髓，具有极高的历史、文化和科学价值。

胡文光刺史牌坊
西递村村头有座明万历六年（1578年）建的三间四柱五楼的青石牌坊——胶州刺史牌坊，峥嵘巍峨，结构精巧，是胡氏家族显赫地位的象征。

黟县

黟县地处安徽省南部、新安江上游，始建于秦，至今已有两千多年的历史。境内山清水秀，气候宜人，阡陌交错，优雅静谧，素有"世外桃源"之称。南唐诗人许坚的《入黟吟》写道："黟县小桃源，烟霞百里间。地多灵草木，人尚古衣冠。"我们从中可以想像，当时的黟县风景绝佳，民风古朴，完全是"人行明镜中，鸟渡青山里"的境界。

宏村

宏村位于黟县西北，始建于南宋绍兴年间，至今已有八百余年历史。宏村岭秀川媚，湖光山色，民居古朴，有"中国画里的乡村"、"东方威尼斯"之称。现今，清代民居还保存完好，特别是整个村子呈"牛"形结构的布局，更使其成为当今世界文化遗产的一大奇迹。宏村的构建融入了先民们对古老图腾的崇拜和对田园的憧憬，被喻为中国"仿生学"先河，这也是宏村被收入《世界遗产名录》的重要原因。

风水宏村 15世纪，笃信风水的汪氏祖先，先后三次聘请名气很大的休宁海阳风水先生何可达来宏村察看地势。何先生和汪氏族内能人走遍了远近山川，前后用了

牛形村落这种别出心裁的科学设计，不仅为村民解决了用水问题，而且创造了一种"浣汲未妨溪路远，家家门前有清泉"的良好环境。

宏村、西递

所属洲 亚洲
所属国 中国
地点 安徽南部黟县
列入名录年份 2000年
文化遗产 宏村现存明清古民居140余幢，包括承志堂、南湖书院、敬修堂以及其牛形村落和人工水系；西递村现存明清古民居124幢，祠堂3幢，包括凌云阁、刺史牌坊、大夫第等。
意义 宏村、西递是皖南民居中最富有代表性的两座古村落，其保存完好的村落形态、工艺精湛的徽派民居具有丰富的历史文化内涵。

宏村月沼是一个半月形的池塘，被称为"牛胃"，位于宏村村中央。四周明清民居高低错落，粉墙青瓦倒映池中。水巷、月沼、三三两两的人与传统建筑融于一体，构成清幽、恬静的村落水象景观。

追慕堂是胡氏祠堂，建于乾隆年间，用以追慕胡氏远祖业绩，使人勿忘胡氏乃唐代皇室之后裔。

斑驳的墙壁使宏村小巷更显幽深。

十年时间，最后认定宏村的地理风水形式是一卧牛形，并按照牛形创造了村落的总体布局。从高处俯瞰，整个村落犹如一头悠闲地斜卧在山前溪边的青牛。宏村人用自己的智慧和辛勤的汗水，别出心裁而又科学地设计了村落水系，不仅为村民解决了日常用水，而且调节了气温，为居民生产、生活提供了方便，创造了一种"浣汲未妨溪路远，家家门前有清泉"的良好环境。

民族建筑 宏村明清古建筑层楼叠院与湖光山色交相辉映，处处是景，步步入画，一脉徽派建筑特色。砖雕、木雕、石雕的灵巧运用，使徽州民居虽然没有北方宫殿的金碧辉煌，也不似江南名园的光彩夺目，但却在满足主人生活需要之际，透出几多文化气息；在炫耀徽商尊荣的同时，透发出几分儒雅、几分恬淡、几分闲适。

西递

西递位于安徽省黟县城东8000米处，古称"西川"。西递得名有两种说法：一说是村中二水环绕，流向从东往西，以"东水西递"命名；另一说是西递在徽州府的西面，所以得名。西递古时有宅院600座、大街2条、小巷99弄、"三千烟火"、"九千丁"，十分繁华。清代户部尚书歙县人曹文植称赞："青山云外深，白屋烟中出。双涧左右环，群木高下密。曲径如弯弓，连墙若比邻。自入桃源来，墟落此第一。"在历史的沧桑巨变中，西递村现在保存完好的民居还有124幢。其由古民居形成的街市规模建筑群"布局之工、结构之巧、装饰之美、营造之精"堪称中国明清民居建筑艺术的宝库。

大夫第 村中有一古宅为"大夫第"，建于清康熙三十年（1691年）。大夫第为临街亭阁式建筑，原用于观景，楼额悬有"桃花源里人家"六个大字。有趣的是，近人多将此楼当作古装戏中小姐择婿抛绣球所在，现已成为西递村举办此项民俗活动的场所。大夫第门额下还有"作退一步想"的题字，语意双关，耐人寻味。

丽江古城
Old Town of Lijiang
原汁原味的纳西族古镇

丽江古城,又名"大研镇",位于云南省丽江坝中部,至今已有八百多年历史。古城吸收了纳西、藏、汉民族的建筑技术和风格,是中国历史文化名城中唯一没有城墙的古城。据说这是因为古代丽江世袭统治者姓木,如果筑城墙,就犹如"木"字加框而成"困"字,显得不吉利。丽江古城至今还有许多老百姓按自己的生存方式和节奏生活于其中,它是属于纳西族群众的,同时又因此而成为全中国、全人类共有的文化财富。卷帙浩繁、内容丰富的东巴经书、舞谱、绘画、祭祀仪式等都充分展示着纳西族东巴文化的神奇异彩。丽江古城因此被誉为世界上唯一保留完整的"活着的象形文字"。

高原姑苏城

丽江古城坐落在海拔2600米的滇西北高原上,北面耸立着5576米的云南第二大山——玉龙雪山。然而这里冬无严寒,夏无酷暑,鲜花不败,大地常绿,被誉为"高原姑苏城"。古城又以"三河"穿城,来自象山脚下的玉泉水分中、西、东三个方向蜿蜒穿城,又分成无数小支流环镇越街、入院绕屋。纳西族祖先以巧妙的构思、合理的布局,建设起了自己的这座城镇,集得天独厚的自然条件和巧夺天工的人类智慧于一体,使古城达到了它的完美。

丽江古城
所属洲 亚洲
所属国 中国
地点 云南丽江,大理的北部,拉萨的东南部
列入名录年份 1997年
文化遗产 云南省丽江县境内的古镇,有"远东威尼斯"之称,位于海拔2600米的高地上,与玉龙雪山遥相呼应。城中有清澈的泉水通过,小路和街道纵横交错,是纳西族的生活中心。城内有"五彩石"建造的民居和院落。
意义 多种文化影响融为一体的、综合的、独特的历史古镇。

古城以"三山为屏"、背靠狮子山、西北及东北依象山及金虹山,形成了一个半圆形的避风港,挡住了玉龙雪山漂洲的寒风,形成了一个四季如春的小气候。

四方街

　　古城以四方街为中心,向四面八方扩展,由四周拥挤的铺面围成一个方形的街,故而得名"四方街"。四方街头枕西玉河,街面清一色五花石铺就,与相通连的几条街巷融为一体。乾隆《丽江府志略》称其"湫隘嚣尘,环市列肆"、"午聚酉散,无日不集,四乡男妇偕来",可见当时的繁荣景象。清代至民国,古城进一步发展,特别是抗日战争时期,曾一度成为中印贸易的中转站和滇西重镇,商贾云集,商号林立,盛极一时。四方街又曾是滇西北名贵中药材集散地、藏族生活用品产销地,皮制裘衣、图案垫褥、藏靴、藏铜锅等远销藏区及国外。在四方街做买卖的,大都为纳西妇女,所以四方街又被外人称为"女人街"。

古城民居

　　丽江古城的古建筑群都是土木结构的瓦房,大多是三坊一照壁式建筑,也有四合院。整体建筑群比较矮小玲珑,一般都是一至两层,但不失雄伟庄严的气派。许多科学专家考察研究古城后说:丽江古城的历史,比享誉世界的英国翰洛城早数百年,并且其布局比翰洛城更为科学。丽江古城的民居建筑是我国仅有的保持古城全貌的城镇,为研究我国城市建设史提供了宝贵的实物资料,是珍贵的文化遗产,也是中华民族的建筑瑰宝。

东巴文化

　　丽江古镇自古以来就是我国西南交通贸易大动脉、南方"丝绸之路"和由西藏入境的"茶马古道"的中转站。两条古道既是中原至东南亚南来北往的贸易通道,又是沟通中原文化和外来文化的传送渠道。这使得丽江成了汉族与纳西族、藏族及其他少数民族文化交融的重镇。众多的客栈、林立的商铺依稀可以见到往昔茶马市井的繁荣。

　　丽江古城是以纳西文化——东巴文化和纳西古乐为代表的民族文化的结晶。东巴文化包括象形文字、图画、经典、音乐、文学、舞蹈、仪式仪规以及贯穿东巴教义的各种民风民俗。其中,纳西古代与汉族儒家乐、道教经腔结合而成的丽江洞经音乐是"中国古典音乐的活化石"。

丽江古城有一座富贵华丽的园林——木府,即当地土司的"紫禁城"。因其"多僭制"(即建筑规格有违犯等级处),徐霞客当年慕名拜访时曾被拒之门外,只好遥望木府叹其"宫室之丽,拟于王者"。

四方街街道最高处设有活水闸门,关闭时,河道中清水溢出,人们就水清洗街道,因此街道数百年来一尘不染。

东巴教是在纳西族古老原始宗教基础上吸纳、借鉴其他民族宗教影响而形成的纳西族特有的宗教。

黄山
Mount Huangshan
—— 怪石、奇松与云海构成的人间仙境 ——

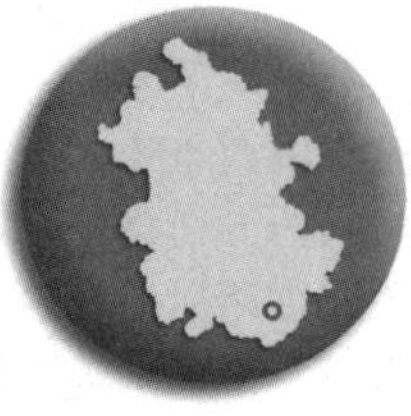

黄山位于风景秀丽的皖南山区，以"三奇四绝"的奇异风采名冠于世，是以自然景观为特色的山岳旅游名胜区。怪石、奇松、云海、温泉素称黄山"四绝"，令海内外游人叹为观止。黄山有名的七十二峰中，天都峰、莲花峰、光明顶是黄山三大主峰，海拔皆在1800米以上；其他山峦以三大主峰为中心向四周铺展，同时形成险峻的深壑幽谷和危峦峭壁，呈现出典型的峰林地貌。

黄山清流飞瀑，山明水秀。溪水纵横交错，深潭清澈见底。

黄山渊源

黄山在秦朝时叫"黟山"，因峰苍岩黛而得名。相传轩辕黄帝曾在此炼丹，丹成后先服七粒，竟可双脚离地，腾空游戏；再服四十二粒，毛发渐变色，皮肤出现裂纹。于是，他就在温泉中洗浴，七天之后竟然返老还童。黄帝正在惊喜间，天上降下霞衣、宝冠、珠履，一条白龙从天外飞来。于是，黄帝穿戴齐整跨龙而去。喜好道家之说的唐玄宗听说这个神奇的故事后，在天宝六年（747年）下令改"黟山"为"黄山"。

在黄山众多的"奇松"中，尤以玉屏峰下，青狮石壁前的"迎客松"名闻国内外，牵动千千万万游客的心。凡游黄山者，必要亲睹"迎客松"的芳姿，否则等于未游黄山。

怪石

黄山之峰，座座陡峭挺拔，伟岸险峻。群山之中，奇岩怪石密布。怪石的形貌千姿百态，令人拍案叫绝。它们似人似物，似鸟似兽，情态各异，形象逼真。这些怪石或兀立峰顶或伫候坡缘，或与松结伴，或与泉相偕，构成了一幅幅天然山石画卷。

飞来石 飞来石位于光明顶西北方。此石高12米，宽8米，厚1.5～2.5米，重约360吨，形态奇特。如此巨石却竖立在一块长约12～15米、宽约8～10米的平坦岩石上，令人惊叹不已。游人站在平台边缘凭栏览胜，对面的双剪峰、双笋峰就像一幅神奇的泼墨山水画。由于飞来石这一奇观是在地质变化过程中形成的，因此可谓"天造地设"。

飞来石似大石刚刚飞来，又似要立即飞去。

奇松

黄山的松树非常多，且姿态万千，百年以上的松树有几万株，"十步一云，五步一松，松埋云上，云掩松中"。黄山松以云为乳，食云而生，而云又为松所吐，蒸蒸而升。黄山松就是云中龙，它虬枝傲然，向空壁立，爪脚森森，鳞甲斑斑，一方面把爪牙深深地插入岩石，同黄山峰石生死纠缠，雌雄难解；另一方面又翻崖破石，急欲挣脱峰石的禁锢。星罗棋布的黄山松一般从海拔800米开始直到峰顶，比比皆是。黄山的名松有迎客松、送客松、蒲团松、凤凰松、棋盘松等。

迎客松 迎客松生长在黄山南部的玉屏楼前，是黄山第一名松。它的长枝都朝着同一方向生长，像是热情的主人在恭迎四方游客，因此成为黄山的标志。

云雾弥漫的时刻，群山忽隐忽现，宛若仙境。

黄山探海松

云海

黄山云雾甲天下，一年之内，有2/3的时间都是云蒸霞蔚。这是因为黄山具备山大峰高、谷深林密和雨水充沛等自然条件，所以一年四季均有云海可观。因此，黄山又名"黄海"，按山区云海形成的区域划分，有北海、西海、东海、前海（即南海）。每当雨后初晴，深沟巨壑之中便烟云缕缕，冉冉上升，成团成片；接着迅速弥漫，穿行于山峦之间，汇成波澜壮阔、浩瀚无边的"海洋"，使人恍临仙境。

黄山文化

黄山有丰富的原生植物资源和野生动物资源，丰富的水资源也为黄山增添了别具一格的魅力。更重要的是黄山以博大的情怀，将各历史时期、各社会阶层的各种文化意识和行为融为一体，在自然景物与人文环境之间，形成了特定的黄山文化，是中国著名山水画派的发祥地。黄山的历史文化沉积丰厚，历代遗留的寺庙、亭阁、盘道、古桥和摩崖石刻两百多处，散布在名峰秀水之间，增添了不少古雅意趣。丰富的自然景观、文化内涵，让黄山风景区在1990年12月，被联合国教科文组织列为世界文化与自然双重遗产。

黄山

所属洲 亚洲
所属国 中国
地点 安徽南部
列入名录年份 1990年
自然遗产和文化遗产 黄山占地154平方千米，从盛唐至晚清的1200年间，赞美黄山的诗文多达2万多篇。黄山是中国古典名胜的象征，在唐朝曾进行了747次命名仪式，在元朝曾建造了64座庙宇。
意义 黄山的神奇美景令人叫绝，并且有着极其丰富的文化积淀。

九寨沟
Jiuzhaigou Valley Scenic Area
——远离尘嚣的童话世界——

九寨沟位于四川省阿坝藏族羌族自治州南坪县中南部，因沟内有九个藏族村寨而得名。九寨沟分为树正、日则、则查洼三条主沟，现已规划的六个景区是：宝镜岩景区、树正景区、日则景区、剑岩景区、长海景区和扎如景区。各景区之间栈道幽深，小桥横跨，村寨古朴，民风各异。九寨沟以湖群、瀑群和滩流等水景为主体的奇特景观，形成了层次丰富、奇美瑰丽的组合画卷，被誉为"童话世界"、"人间仙境"。

火花海

火花海海拔2187米，深9米，水色湛蓝，波光粼粼，引入入胜。每当晨雾初散，阳光照耀之时，水面似有朵朵火花在燃烧，星星点点，跳跃闪动。那掩映在丛丛翠绿中的海子，像晶莹无比的翡翠盘，满盛着瑰丽的珍宝。夏季，海边野花盛开，团团簇簇，姹紫嫣红，花上露珠晶莹剔透、闪闪发光，与水中"火花"相映成趣，韵味无穷。美丽的火花海在冬季枯水季节，水位会下降1米左右，水底形状各异的钙化堤埂便突出水面，露出其优美的曲线，此时游人可以更加清楚地看到九寨地表的钙化情况。

诺日朗瀑布

九寨沟的瀑布令人神往。河道纵横的九寨，水流顺着呈台阶形的河谷奔腾而下，形成数不清的瀑布。诺日朗瀑布落差20米，宽达300米，是九寨沟众多瀑布中最宽阔的一个。诺日朗瀑布的美妙不可言说，藏语"彩虹"之意仿佛还不能说明它的全部。这宽达300米的瀑布时隐时现于云杉林尖，影影绰绰，丰姿卓绝，数十个大小不同的瀑布径流沿着山崖流淌，组合成一幅极其庞大的瀑布组群。沿着山崖攀到瀑布底下，可以直接感受诺日朗瀑布磅礴水雾的浸染。滔滔水流自诺日朗群海而来，经瀑布的顶部流下，腾起茫茫"白烟"，在阳光照耀下，常可见到一道道彩虹横挂山谷，使得这一片飞瀑更加迷人。

五花海

有"九寨沟一绝"和"九寨精华"之誉的五花海位于日则沟孔雀河上游的尽头，海拔2472米，深

九寨沟最宽阔的瀑布——诺日朗瀑布

如此绚丽的色彩留给每个到过九寨沟的人一段缤纷回忆。

浮木、枯叶，无声胜有声。

长海

九寨沟最大最深的湖泊要数长海。它长约8000米，最宽处约4400米，海拔在3000米以上，算是九寨沟最高的湖泊了。长海水面宽阔，地表无出水口，但夏秋暴雨，水不漫堤；冬春久旱，亦不干涸。海子四周青山寂寂，绿水幽幽，使湖水显得格外澄碧。水面常有长颈水鸭栖息，它们自由翱翔，上下翻飞，好像在与游人游戏。春秋时节，长海景色更加迷人：水中琉璃世界在春日倒映出百花簇拥的雪山；斑斓金秋则映衬着层峦叠嶂的黄栌红枫；隆冬一到，四面琼花玉树，弥漫一色，叫人叹为观止。

5米，是九寨沟的骄傲。同一水域，呈现出鹅黄、墨绿、深蓝、藏青等色彩，斑驳迷离，色彩缤纷，这大自然生花妙笔涂抹的色彩，是那么大胆、强烈而又富于变幻，五花海是九寨沟诸景点中最精彩的一个。四周的山坡入秋后便笼罩在一片绚丽的秋色中，色彩丰富，姿态万千，独霸九寨。五花海的彩叶大半集中在出水口附近的湖畔，一片片彩叶交织成锦，如火焰流金。含碳酸钙质的池水与含不同叶绿素的水生植物，在阳光映照下幻化出缤纷色彩，与水下沉木、植物相互点染，"五花海"得名的确精妙之极。

九寨沟

所属洲 亚洲
所属国 中国
地点 四川阿坝
列入名录年份 1992年
自然遗产 从海拔2140～4558米，占地720平方千米的自然保护区以及大部分为森林所覆盖的600平方千米的周边地区。
意义 拥有令人叹为观止的喀斯特地貌；还是国家一级保护动物大熊猫和四川野牛的家乡。
动植物志 拥有300平方千米的原始森林和众多稀有珍贵植物，以及金丝猴、斑羚、鬣羚、白唇鹿等珍稀动物和绿尾红雉、蓝马鸡等141种珍稀鸟类。

五花海

长海秋意

黄龙
Huanglong Scenic Area
—— 人间的瑶池 ——

黄龙位于四川省阿坝藏族羌族自治州松潘县境内，主要因佛门名刹黄龙寺而得名。在终年积雪的岷山主峰雪宝鼎下，一条绵延数千米的金色钙华体(又称"石灰华体"，是岩溶水在特定条件下产生的千姿百态的碳酸钙沉淀物)滚滚而下，宛如一条金色巨龙从莽莽原始森林中奔腾而出，这就是黄龙。这里主要以彩池、滩流、雪山、峡谷、古寺、民俗六绝著称于世，被誉为"圣地仙境"、"人间瑶池"。

黄龙古寺

黄龙古寺

据《松潘县志》载："黄龙寺，明兵马使马朝覲建，亦名雪山寺，相传黄龙真人养道于此，故名。有前中后三寺，殿阁相望，各距五里。"现在，前寺现仅存遗址。中寺属佛教寺庙，古朴雄伟，原有五殿，分别为灵官殿、弥勒殿、天王殿、大佛殿、观音殿，现仅存观音殿及其十八罗汉塑像。距中寺约2500米处为黄龙后寺，庙宇随山就势，宏伟壮观，飞格斗拱，雕梁画栋，独具风格。寺门绘有彩色巨龙，上有古匾，正中为"黄龙古寺"，左书"飞阁流丹"，右书"山空水碧"，笔法雄浑，豪迈大气。《松潘县志》载："禹治水至茂州，黄龙负舟，助禹导水，自茂州而止……世人建寺，岁岁朝拜。"可见，黄龙寺与大禹亦有渊源。

金沙铺地

"金沙铺地"是从黄龙洗身洞到娑萝彩池的钙华流。据专家认定，它是目前世界上发现的同类形态中最长、最壮观、色彩最丰富的钙华滩流。金沙铺地以耀眼的金黄色为主，间或镶嵌着乳白色、灰色、暗绿色等色块，坡面上流淌着薄薄的一层水波。水面常因坡面钙华的鳞状层叠而荡漾着银色涟漪，犹如金河泻辉、银水溢流。散生在钙华流上的簇簇水柳、山花，好似河中漂泊的彩船，人游此地，浑然忘我。

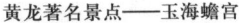
黄龙著名景点——玉海蟾宫

色彩多变的水是黄龙的精华。

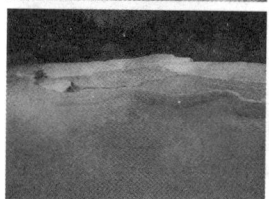
黄龙五彩池

黄龙风景区背靠岷山主峰雪宝鼎。

爬到山上,居高临下,钙华流那顺势铺开的"金沙"宛如一条金龙在林莽中翻腾飞跃,蜿蜒透迤,磅礴霄汉。

五彩池

黄龙五彩池共有大小彩池700多个,是黄龙沟内最大的彩池群。池群由于池堤低矮,汪汪池水漫溢,远远看去块块彩池宛若片片碧色玉盘,蔚然奇美。这些彩池在阳光的照射下或红或紫,或金或银,色彩缤纷,浓淡各异,极尽玄妙娇艳。隆冬时节,整个黄龙玉树琼花,一片冰瀑雪海,唯有这群海拔最高的彩池依然碧蓝如玉,仿佛仙人撒落在群山中的翡翠,诡谲奇幻。五彩池是黄龙景观中美得最耀眼的景点,是黄龙的点睛之笔。

扎嘎瀑布

扎嘎瀑布栈道在瀑布与森林间穿行,主瀑之外有无数小瀑散布于冷杉、雪松之间,构成一幅"水在树中流,树在水中长"的奇妙风景,堪称一座旨趣无穷的自然迷宫,令人流连忘返。它也是中国最高、最大的钙华瀑布,瀑水从巨大的钙华梯坎上以匪夷所思的速度跌落,气势磅礴,声震十里。

雪宝鼎

雪宝鼎为藏区本教七大神山之一,是岷山主峰,海拔5588米,位于黄龙沟的东南侧,终年积雪,呈金字塔形,孕育着丰富的古代冰川遗迹及现代冰川。在雪宝鼎的旁边并列着三座海拔5000米左右的大山,它们共同构成了松潘东南之屏障。雪宝鼎花草遍布,灌木丛生,松柏参天。这里生长着大量的贝母、大黄、雪莲等名贵药材,同时也是青羊、山鹿、獐子等野生动物栖息、繁衍的场所。

> **黄龙**
> 所属洲 亚洲
> 所属国 中国
> 地点 四川阿坝
> 列入名录年份 1992年
> 自然遗产 绵延3600米的黄龙沟为喀斯特地貌,占地600平方千米,其中580平方千米已置于保护之列。
> 意义 石灰岩溶景观令人叹为观止,也是珍稀动物大熊猫和金丝猴的家乡。
> 动植物志 65.8%的面积覆盖着森林,其中有一级保护植物,如大熊猫的重要饲料箭竹;59种哺乳动物,比如大熊猫、熊、四川野牛、红狗、鬣羚、斑羚和岩羊;有155种鸟类,比如绿尾红雉等。

金沙铺地

京都古迹
Historic Site of Ancient Kyoto
—— 日本保存最完好的文化古都 ——

京都位于日本东京西南500千米处,是日本历史上唯一一个千年古都。公元794年,平安时代的京城始建于京都,直至1868年迁都东京为止的1000多年间,京都一直是日本的首都,自建城以来就是日本的经济、文化中心,在日本历史上占有重要地位。精巧细致的京都自然与人文景观一直是日本文化的象征,具有浓郁的日本风情,是日本人心灵的故乡,被称为"真正的日本"。

古都的设计

这座千年古都的最初设计是模仿中国隋唐时代的长安和洛阳,整个建筑群呈长方形排列,以贯通南北的朱雀路为轴,分为东西二京,东京仿照洛阳,西京模仿长安,中间为皇宫。宫城之外为皇城,皇城之外为都城。城内街道呈棋盘形,东西南北纵横有秩,布局整齐划一,明确划分皇宫、官府、居民区和商业区。京都名胜古迹众多,城内外古色古香的寺院、神社和亭台楼阁,与现代化建筑错落相间,组成一幅独特的都市风情画。

京都秋色

京都御所

京都御所是日本的旧皇宫,又称"故宫",是日本平安时代的皇宫所在,现在是京都最大的公园。从奈良迁都到明治维新的1074年中,它一直是历代天皇的住所,后又成了天皇的行宫。现在的御所是14世纪末扩建而成的,由模仿平安朝风格的紫宸殿、清凉殿、常御殿、小御所组成。御所及其花园都朴实无华,丝毫没有富丽堂皇的气派，代表了日本的传统，也代表了日本的民族性。

平安神宫

平安神宫于1895年为桓武天皇迁都1100年而建，殿堂仿效平安朝皇宫正厅朝堂建造。建筑宏伟壮丽，为明治时代庭园建筑的代表。其大殿为琉璃瓦所盖，远眺屋宇，金碧辉煌。神宫内的回廊庭园，由东、南、西、北四苑组成，中间有白虎池、栖凤池、苍龙池。宫内湖上的亭阁均仿照中国西安寺庙的结构而建。

二条城

二条城初建于1603年，它的富丽堂皇与朴素的故宫恰成鲜明对比。城堡以巨石做城垣，周围有东西长500米、南北长300米的护城河，河上有仿唐建筑。二条城初为德川家康到京都的下榻处，后因德川庆喜在此处决议奉还大政而闻名于世，1886年成为天皇的行宫，1939年归属京都市。城堡的主要建筑有本丸御殿、二丸御殿等，殿内的墙壁和隔扇上有日本狩野派画师所绘的名画。

大德寺

大德寺建于1319年，以大灯国师为开山祖师，后经战乱被焚。著名的一休大师经过几十年的漂泊布教后，以80岁的高龄任主持，重建了大德寺。至今寺院还保存着一休大师的遗墨。

清水寺

清水寺坐落在东山山麓，创建于公元798年，后由德川家康将军于1633年重建。清水寺在音羽山半山腰，依山而建，正殿（本堂）建在悬崖边。前部是悬空的"舞台"，下面由139根高大圆木支撑，高15米。

京都古迹	
所属洲	亚洲
所属国	日本
地点	京都
列入名录年份	1994年
文化遗产	昔日皇城京都，主要包括御所、平安神宫、教王护国寺（东寺）、清水寺、仁和寺、醍醐寺、鹿苑寺、慈照寺、龙安寺、西本愿寺、二条城等。
意义	日本往昔的文化中心，有着日本典型的园林艺术和木构建筑艺术。

鹿苑寺

被称为"三步一寺庙、七步一神社"的京都有佛寺1500多座，神社2000多座。图为清水寺。

京都祭祀

在京都这个模仿长安而设计的棋盘格都市里，每一处条坊巷弄都有着千年的传统。祭典也成了京都这个文化古都的一大特色，并且历经千年历史，传承至今，成为京都人生活的一部分。京都一年四季共有葵祭、园祭、鞍马火祭、七夕祭、时代祭等各种祭典，尤其以园祭最为盛大，为日本三大祭典之一。

祭祀活动中的盛装女子

姬路城
The City of Himeji-jo in Japan
——日本城堡建筑的精华——

姬路城是16世纪日本城堡建筑最好的典范，与滋贺的安土城、彦根城、大阪的大阪城合称日本四大"国宝城郭"。城堡由83座建筑物组成，拥有高度发达的防御系统和精巧的防护装置，是那个时代日本防御建筑技术的巅峰之作，包括主楼的八座建筑被视为国宝。姬路城保存完好的建筑物和外围工事在给世人展示了伟大遗产的同时，又体现出了日本城堡建筑的精致，而且增加了人们对始于幕府时代的日本封建文化的了解。

城堡的兴建

姬路城建造在海拔45.6米的姬山之巅，地处兵库县南部交通要冲，风格典雅，是日本的历史名城。城堡主要城郭高31米，外形好似一只高雅的白鹭，故姬路城又称"白鹭城"。由于地理位置的重要，1333年姬路一带已经驻扎军队；1346年开始建筑城堡；1580年战国时代末期的武将丰臣秀吉在这里继续兴建城堡；1681年，德川幕府的第一代将军德川家康的女婿池田辉政又重建城堡并扩大成今日的规模。池田辉政兴建城堡的工程浩大，用木材387吨，还用了75000

姬路城范围以天守阁为中心的本丸城郭向外扩展为二丸、三丸等。期间巧妙利用地形和建筑结构，修筑出三层螺旋形的防御壕沟。

姬路城
所属洲 亚洲
所属国 日本
地点 兵库姬路
列入名录年份 1993年
文化遗产 建筑在姬山上的城堡拥有三个环城的古代堑壕，包括主塔楼和其他三座塔楼建筑——二丸、三丸、四丸，还包括现在的姬路城区。
意义 17世纪日本城堡建筑中保存最完好的典范。

天守阁外观

块共达3048吨的瓷砖以及大量每块各重1吨的巨大岩石。

防御工事

姬路城的结构严密，固若金汤，它的三重螺旋形战略防御工事包括外部、中部和内部壕沟。防御工事修筑得十分精巧，从三条同心圆护城河开始，城壕环绕着高大曲折的石城郭，城郭之间设置几座大门和望塔。城墙和望塔上有射箭、打枪的小孔；城堡中内庭的道路千回百转，好似迷魂阵，从顶楼上却可以看得很清楚。屋顶上动物状、巨大而华丽的装饰突出在屋檐上，这是防火的辟邪之物。姬路城的石垣呈陡斜状，这种特点被称为"扇形斜坡"。石垣的上部向外翘出，使人难以攀登，这种设计也是日本式城堡的独特之处。城壕大多是构筑后灌入水，但也有一些城堡因地形条件而以河流作为城壕。城堡的设计巧妙地糅和了军事需要和艺术取向，这在日本城堡建筑中是个创举。

天守阁

著名的天守阁耸立在城的中心，外观5层，内部6层，地下1层，是城内诸侯及其家臣、武士的居住区。天守阁从立面看近似正方形，在主城楼的四角紧密依附有大小4座城楼，大天守阁与小天守阁各以长排走廊连接成一组独立式建筑，不但是权力中心的象征，又兼具御敌避难的作用。天守阁每一城楼的设计既统一又有变化。单独地看天守阁是正方形的，然而连在一起时就成为排列交错、各有变化的一组建筑。这些方形城楼高低不一，交错参差，屋顶的挑檐四方漫射，前后搭配各有特色。天守阁内部构造十分朴素，地板、窗户、中央梁柱和各小室隔间都是木造的。室内各层包括有信道、大厅、房室，甚至还有古代厕所。而窗户的造型也十分多样，有角窗、武者窗、格子窗等不同的形式。

神社 天守阁最上层的刑部神社曾于1847年改名"长壁神社"，这里所供奉的刑部大神是很早以前就镇守姬山的神，也是当地地主神。丰臣秀吉建姬路城时，曾将此神移走，之后的城主池田辉政生病时发生许多灵异之事，所以又将其送回到城中的和三门内供奉。1945年第二次世界大战时发生火灾，此后，神社在遗址上重新修建。

姬路城节庆

姬路城是日本的国宝，也是日本最美丽的城堡，附近有1000多株的染井吉野樱、山樱、枝垂樱、大岛樱等植物，每年春天大地回暖之际，姬路城的祭典便接踵而至。每年4月10日前后星期日的赏樱花会在姬路城三丸广场热闹地揭开序幕，当天有上百具古筝齐声演奏，还有各种形式的赏樱大茶会。而姬路城最主要的节庆是每年6月22~24日，在长壁神社举行的浴衣祭。当天会有许多穿着传统夏季棉布和服的日本民众，从四面八方涌入这里，并且登上长壁神社，在神社内点上灯笼祭祀膜拜。入夜之后，街上到处都是卖棉花糖、烟火等的摊贩，使得原本悠闲的姬路城一下子变得人声鼎沸、热闹非常。

姬路城天守阁由一座大天守阁搭配4座小天守阁组成，构成一个优美的串联式城楼造型。

三丸

伊斯坦布尔
Historic Area of Istanbul
拜占庭帝国的绝世荣耀

伊斯坦布尔是土耳其的古都,也是全国最大的城市和港口。城市位于巴尔干半岛东端,博斯普鲁斯海峡南口西岸,扼黑海咽喉、地跨亚欧两洲,也是古代丝绸之路的终点。伊斯坦布尔曾是古代三大帝国——罗马帝国、拜占庭帝国以及奥斯曼帝国的首都,它保留了辉煌的历史遗产,其所拥有的博物馆、教堂、宫殿、清真寺、市场以及美妙的大自然风光让人们流连忘返。

千年古都

伊斯坦布尔历史悠久,公元前660年为希腊人所建,称"拜占庭";公元330年,罗马帝国迁都于此,改名"君士坦丁堡";公元395年,罗马帝国分裂,成为东罗马帝国首都;此后数百年,一直是地中海东部政治、经济、文化中心。13世纪初,城市被十字军烧毁;1453年城市成为奥斯曼帝国首都,始称"伊斯坦布尔"。现市区已扩大到黄金角湾以北和博斯普鲁斯海峡东岸的于斯屈达尔等地。伊斯坦布尔的心脏部分三面环水,一面是城墙(建于413年,以后不断修建)。据说它像罗马一样,也建在七座山上。

托普卡珀博物馆

托普卡珀博物馆原是土耳其苏丹的宫殿,建于1478年,并作为奥斯曼苏丹的皇宫达400年之久。土耳其共和国成立后,宫殿被辟为博物馆,收藏有土耳其历史上许多珍贵文物,是

圣索菲亚大教堂
圣索菲亚大教堂现在被称为"阿亚索菲亚博物馆",是历史长河中遗留下来的最精美的建筑物之一,它的庄严肃穆似乎能使时光也停滞。

伊斯坦布尔
所属洲 亚洲
所属国 土耳其
地点 伊斯坦布尔
列入名录年份 1985年
文化遗产 古城中有大集市、托普卡珀宫、艾哈迈德清真寺、圣索菲亚教堂、蓝色清真寺、比亚西特清真寺,以及瓦伦斯引水槽等。
意义 位于小亚细亚、巴尔干、黑海和地中海交汇点的,具有2000多年历史的建筑艺术杰作。

圣索菲亚教堂的内部装修极为豪华。

托普卡珀宫精致华丽的内饰

扇窗子。教堂内壁全部用彩色大理石砖和壁面铺砌装点,精致富丽。

艾哈迈德清真寺

　　伊斯坦布尔的清真寺不下450座,最著名的是艾哈迈德清真寺,它是17世纪初苏丹艾哈迈德命令土耳其建筑师迈赫迈特·阿加兴建的,是清真寺建筑艺术的珍品。艾哈迈德清真寺的建筑特色在于大厅内部的装饰艺术。大厅地面铺满紫红色的土耳其地毯,四壁镶嵌着2万多块蓝色瓷砖拼成的各种图案,这些蓝色瓷砖使厅内充满柔和静谧的气氛,因而以"蓝色清真寺"闻名于世。

赛马场广场

　　在蓝色的清真寺旁有块长方形空地,这就是赛马场广场。过去这里是人兽相斗的竞技场,如今,观光成了它的主要用途。广场上的三座纪念碑象征拜占庭帝国的隆盛武功。最靠近喷泉亭的是"君士坦丁纪念柱",石柱上记录了君士坦丁大帝的丰功伟业。位于广场中央的蛇柱纪念碑,半截在地底下,黑黝黝的柱身上缠着一条九头蛇,是君士坦丁大帝从希腊德尔菲的阿波罗神殿搬来的。广场最远处的方尖碑是拜占庭皇帝从埃及尼罗河畔的卡纳克神殿搬来的,这根方尖碑一直被视为世界上最宝贵的文化遗产之一。

<small>伊斯坦布尔海峡北连黑海,南通地中海,把土耳其分隔成亚洲和欧洲两部分。两岸虽分属两洲,但景色十分相似:草地、树丛,片片翠绿;高楼、小屋,点点朱红。</small>

一座规模庞大的宫廷建筑,为土耳其最大博物馆。托普卡珀土语的意思为"大炮门",整个建筑有7座大门,4座朝向陆地,3座朝向海洋,其中主要的一座大门面对阿亚索菲清真寺(即圣索菲亚教堂)。宫室中有名的建筑有1472年建筑的彩石砖阁、谒见厅以及保留着先知穆罕默德圣物的圣堂和为纪念1638年攻下巴格达而修建的精致的巴格达亭等。

圣索菲亚教堂

　　圣索菲亚教堂是伊斯坦布尔最大的教堂,为拜占庭时代的艺术杰作。它历史悠久,几经沧桑,经多次重建和改建而成。教堂主体呈长方形,上部的大圆顶直径33米,由4根24.3米高的柱子支撑,并配有40

WORLD CULTURE & NATURE HERITAGE

世界文化与自然遗产

第三章

北美洲和南美洲

北美洲和南美洲，由北美、南美两个大陆及一些岛屿组成，巴拿马运河横贯其中。在这片4220万平方千米的土地上，分布着大量的世界文化和自然遗产。

自从1498年哥伦布第一次登上南美大陆以来，欧洲文明不断充斥着美洲大陆。美洲的主人——印第安人以广阔的胸怀接纳了新文明的到来，共同缔造了墨西哥大教堂、魁北克的香普兰舍大街等具有历史意义的文化遗产。

此外，世界上最早的国家公园——美国黄石公园、世界上最大的国家公园群——落基山脉国家公园群，无不是人为保护自然的成果。同时，神秘的复活节岛石像、纳斯卡巨画也是祖先留给我们的厚礼，更加有待我们进一步去探索。

>>

魁北克古城
Historic District of Quebec
——美洲的法国文化摇篮——

魁北克古城位于加拿大东南部，是魁北克省的省会。冰冷的圣劳伦斯河幽幽地流着，历史的长河也静静地流着。回溯390年前，法国著名的探险家香普兰率领船队沿着圣劳伦斯河勘探，当他到达魁北克，发现此处悬崖高地突出河面，地势险要，不禁赞叹"这真是上帝的礼物，我将会好好珍惜"。于是，他便在此建立殖民地，发展商业，并且将此地命名为"Quebec"，这是当地土著居民用来称呼此地的语言，意思为"河流变窄之处"。

古城归属

由于魁北克市扼锁圣劳伦斯河咽喉，向来是深入美洲内陆的门户。英法为了争夺此地，先后打了几场战争，1690年，魁北克总督芳提纳克击退来犯的英军，保住了魁北克市。然而，在1759年的亚伯拉罕平原之役后，魁北克终于落入英国的手中。此后，在英国的统治下，加强了防御工事，魁北克被建设成有城墙围绕的坚固堡垒。1763年，根据英法条约，魁北克城归属英国。加拿大独立后，它成为魁北克省首府。

法式风情

魁北克向来有"美洲的法国文化摇篮"之称，57万居民当中，约有95%讲法语，是一个法国风情非常浓厚的城市，换句话说，也就是一个非常浪漫的城市，尤其在旧城更是表露无遗。广

> **魁北克古城**
> 所属洲　北美洲
> 所属国　加拿大
> 地点　魁北克
> 列入名录年份　1985年
> 文化遗产　古城区包括城堡、巴黎圣母院大教堂、休厄尔官邸、乌尔舒林女修道院、皇家广场、魁北克大教堂、凯旋大教堂、芳特兰旅馆和从前的奥古斯丁修道院。
> 意义　美洲大陆上法国从前的首都，一个稳固的殖民城市的突出范例。

魁北克要塞

冬日里的魁北克古城时刻散发着惊人的魅力。

式的防御工程,以及一个约0.57平方千米的练兵场。要塞内有近百年的芳特兰大旅馆。旅馆舞厅可与凡尔赛宫镜厅相媲美,馆内布置了有加拿大特色的现代化松木家具和一些古色古香的器具。这家旅馆一直像磁石般吸引着世界各国名流,从总统、国王、议员,到好莱坞明星等皆愿到此一游。要塞居魁北克古城最高点,居高临下,地势优越,使魁北克有"美洲的直布罗陀"之称。

武器广场 武器广场一带集中了17~19世纪民用、宗教和军事的古老建筑。广场上的圣母大教堂是魁北克最大的教堂,具有350年的历史,是北美(墨西哥以北)最古老的教堂。教堂北边则有魁北克神学院以及旧拉发尔大学。

下城

建于岬角峭壁下的下城是魁北克最早发展商业的地区,这里有许多具有特色的法式酒吧、咖啡馆和餐厅。这里的皇家广场是1608年香普兰最先兴建民居的地方。有钱的商人在此建造华屋,使此地很快就变成繁华的商业中心。广场对面有一座可爱的教堂——凯旋圣母教堂,创建于1688年,在1759年的英法战争中遭摧毁,后来重建两次,现在的教堂是于1929年修复的。这座教堂是为了纪念法军在两场对英裔美军战争的胜利而命名的。广场周围以及从此延伸出去的街道两旁,有许多都是几百年的老屋;从20世纪60年代开始,被魁北克政府辟为历史文物特区,进行了大量修复与拯救文物的工作。这里地段狭隘,挤满仓库、商店和一些街道,如岬下街和香普兰街,宽仅2.4米,为北美最狭窄的街道。

场、古老的石屋、教堂、雕像、石板路、咖啡座,有如一位气质高雅的贵妇,绰约的风姿让人为之心醉不已。古城的范围并不很大,采用步行的方式悠闲地穿梭在曲折起伏的街弄,浏览美丽的橱窗和建筑,最能体验魁北克独特的法式风情。

上城

魁北克古城区分为上城和下城。上城位于高坡之上,环有平均高达10.7米的古老城墙。约在1665年,法国就曾在此修筑军事碉堡。现在的要塞是英国在第二次英美战争后,于1823~1831年重新修建而成的。要塞是一个大致呈七角形的星状建筑,周围筑有坚固的城墙,当中建有迷宫般的炮位和其他碉堡

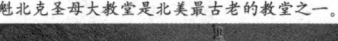
魁北克圣母大教堂是北美最古老的教堂之一。

魁北克城冬季嘉年华会,吸引了世界各地的人们。

落基山脉国家公园群
Canadian Rocky Mt. Parks
众园林立之"国"

加拿大落基山脉的国家公园群位于加拿大西南部的艾伯塔省和不列颠哥伦比亚省,面积2.3万平方千米,包括贾斯珀、班夫、约霍、库特奈等国家公园,以及汉帕、罗布森、阿西尼伯因等省立公园,是世界上面积最大的国家公园。

贾斯珀国家公园

贾斯珀国家公园是加拿大落基山脉公园群中最大的一个,面积有1万多平方千米,这里有宽阔的山谷、叠嶂的山脉、壮观的冰河、森林、牧场。发源于哥伦比亚冰原的阿萨巴斯卡河沿着东面落基山脉的斜坡流入风光旖旎的大奴湖、马里奴湖。贾斯珀公园内还有水温为54℃的斯普林格斯硫磺温泉。这里还有超过1200千米的徒步浏览路线和数条山色壮丽的驾车旅游路线。贾斯珀国家公园南部与班夫国家公园相连,人们可以驾车通过冰原公路直接到达。在这里可以看到数量众多的麋鹿、加拿大盘羊和其他大型动物,比如灰熊、美洲狮、狼、獾等。完整的自然生态系统在这里保存了下来,向我们展示着一个生机勃勃的落基山脉。

班夫国家公园

班夫国家公园设立于1885年,是加拿人最早设立的国家公园。当时的"温泉保护区"面积仅有26平方千米,现在的班夫国家公园面积则有6680平方千米,包括山峰、草原、湖泊,还有落基山脉东端延伸240千米的冰川。

落基山脉国家公园群	
所属洲	北美洲
所属国	加拿大
地点	沿不列颠哥伦比亚和艾伯塔省界
列入名录年份	1984年，1990年扩大
自然遗产	包括贾斯珀国家公园、班夫国家公园、约霍国家公园、库特奈国家公园以及罗布森省立公园、阿西尼伯因省立公园和汉帕省立公园。此外还有1909年发现的位于菲尔德山附近的化石"储存地"。
意义	为世界上面积最大的国家公园。
动植物志	山地、亚高山和高山的植物系，56种哺乳动物和225种鸟类。

约霍国家公园

约霍国家公园位于落基山脉西部的不列颠哥伦比亚省，中心是约霍河谷。河谷位于冰雪覆盖的群山之间，海拔3000米，其上的塔克克岛瀑布落差达348米。"约霍"在当地土著语言中就是"敬畏和奇异壮观"的意思，表达了土著居民对高耸陡峭的岩石和壮观瀑布的崇拜。

落基山区曾经经历强烈的冰川作用，冰川侵蚀而成的地貌，如角峰、冰斗、U形谷等分布广泛。

库特奈国家公园

库特奈国家公园也位于不列颠哥伦比亚省，公园中有冰川、冰川谷和冰川湖等。公园斯蒂温山的巴鸠斯页岩化石层中，有保存完好的寒武纪化石，其中甚至有完整的古生物软体组织，非常珍贵。据推断，这些化石的年龄已有5.3亿年的历史。

罗布森省立公园

贾斯珀国家公园的西部是罗布森省立公园，公园内的罗布森山海拔3954米，是落基山脉的最高峰。罗布森高原上的穆斯湖，因湖畔常有赫拉鹿出现，所以又叫"赫拉鹿湖"。

山脉与冰川

落基山脉公园群内的山脉都很年轻，约形成于7000万年前。嶙峋的山峰与流动的冰川在这里形成了奇特的对比。冰川从冰原缓缓滑下，把坚硬的岩石磨为粉末，粉状的岩屑覆盖在冰湖上。冰川的融水供应着美丽的圣路易斯湖，极致美景，令人赞叹。飘浮在水中冰砾的反射光线也把湖泊打扮得如同绿宝石一般璀璨。

公园资源

落基山壮丽秀美的地貌孕育着多姿多彩的植物，白杨、松、枞和云杉密密地围绕着谷中波光粼粼的湖水，清澈的湖水倒映出巍峨的雪山。随着海拔的升高，阔叶林变成针叶林，再往上，冰雪和岩石逐渐成了山巅的主角。夏季，山间长满了风信子和扫帚树，野草莓和蓝莓点缀着草地，黄色的冰川百合也从融雪中冒出头来。这里，野生动物的品种也很多，有225种鸟类，小到蜂鸟，大到鹫鹰；还有56种哺乳动物，其中最有名的当数灰熊和黑熊，灰熊警惕性很高，喜欢独来独往，黑熊则喜欢热闹，爱在公园内的小路上和宿营地里的废物堆中寻找食物。

长年积雪的山峰、幽深宁静的湖泊，地球上最出名的山脉景致集中在加拿大落基山公园群的一系列公园之中。

沃特顿冰川国际和平公园
Waterton-Glacier International Peace Park
—— 冰川与时光雕刻的艺术品 ——

在山石嶙峋的加拿大艾伯塔省南部和美国蒙大拿州西北部雄伟的落基山脉中，秘密地隐藏着一块圣地，一片净土，一个神秘的花园，一件大自然以百万年的时间和心血创作的艺术品，这就是素有"落基山脉上的皇冠"美称的沃特顿冰川国际和平公园——拥有冰川期地形的山岳自然公园。

公园概况

和平公园中的沃特顿国家公园在加拿大境内，冰川国家公园在美国境内，总面积4576平方千米。这里的冰川形成于200万年前的冰川时期，共3000多处，可谓冰川林立。公园内还有众多湖泊(以巨大的冰川风景著称的冰川国家公园有湖泊200多个)，主要有沃特顿湖、罗乌亚湖、米德尔湖、阿帕湖、森特梅里湖(公园东侧)和麦克唐纳湖(公园西侧)。这些湖泊相互贯通，美丽非凡。

沃特顿国家公园

沃特顿国家公园在公园的东南部，它的命名来自英国一位自然科学家查尔斯·沃特顿。巨大的冰川刻蚀山岩，形成了两侧岩壁笔直陡峭、底部宽阔的冰川谷，分外壮观。探险家克特奈伊布朗于1865年发现了这个景致迷人的地方，1895年，这里被正式命名为"沃特顿国家公园"。

冰川的运动常常将岩石碎屑夹带并堆聚起来拦截谷地，从而形成像手指一样狭长的湖泊，公园内的圣玛丽湖就属于这一类湖，也是世界上最美的一类湖泊。

冰川公园

冰川公园地形以冰川、湖泊、山岳著称，并随着季节不同呈现出多变的景致。自几万年前开始，冰川公园里就有许多大型的高山冰川，但随着地球温室效应的影响，地球温度愈来愈高，降雪量逐年降低，以致冰川的数量渐渐减少，由原本的90个变成50个。冰川的数量虽然减少，但在公园内到处都能见到它们对公园地形所产生的影响。

格伦湖边的"熊草"（丝兰、旱叶草）

公园内的冰川旅馆

冰川景观 冰川的移动速度虽然极为缓慢，但是相对河床产生的侵蚀速度比起一般的侵蚀要快上5~10倍。冰川在谷地里常会切割出U字形的峡谷（U形谷），像公园内的麦当劳湖和圣玛丽湖，就是冰川造成的U形谷积水而成。冰川流动时摩擦地面会产生砾石，这些砾石在湖滨堆积，就是所谓的"冰碛"。它们在阳光的照射下会反射五彩缤纷的光芒，使湖泊更加迷人。冰川公园内还有"冰斗"、"悬谷"、"角峰"等，也都是冰川造成的特殊地形景观。

公园植被

由于美洲大陆的分水岭——落基山脉从公园中央穿过，因此山脉两侧雨量充沛，气候潮湿而寒冷，这种气候孕育出苍翠浓郁的森林。公园生长着1258种乔木、灌木和275种地衣植物，其中有18种是这里特有的。在公园西北部，有一条"香柏小径"直深入巨大的香柏和铁杉林。在这里漫步，嗅着树木散发的清香，一切世俗的烦恼都会一扫而空。

公园动物

整个公园里栖息着数百种动物，其中以熊及落基山山羊最为特别。另外，公园的草原上还有北美地区特有的土狼、山狮，各种大角鹿、大角羊更是常见。由于棕熊与黑熊经常出没，公园也被称为"熊的国度"。公园内常常可以看见一个大红色的标示牌，提醒人们已经进入熊的领地了。在公园徒步旅行时，人们应该时常发出声响。熊很少主动攻击人，它们对人发起攻击一般是因为受到不速之客的惊吓。因此，时常发出声响能让熊有所准备，从而用这种方式有礼貌地告知它：你光顾了它的领地。

沃特顿冰川国际和平公园
所属洲 北美洲
所属国 加拿大/美国
地点 沃特顿国家公园位于加拿大艾伯塔南部，冰川国家公园位于美国蒙大拿西北部。
列入名录年份 1995年
自然遗产 公园总面积4576平方千米，沃特顿国家公园成立于1895，冰川国家公园成立于1910年，两者于1932年合为国际和平公园。
意义 为世界上第一座国际和平公园。
动植物志 公园内有1258种乔木、灌木和275种地衣植物，240种鱼类和60种哺乳动物。

蒙蒂塞洛和弗吉尼亚大学
Monticello and University of Virginia
——杰斐逊总统的骄傲——

蒙蒂塞洛和弗吉尼亚大学位于美国东部弗吉尼亚州夏洛茨维尔市。蒙蒂塞洛和弗吉尼亚大学的建筑设计者都是托马斯·杰斐逊——美国第三任总统。他多才多艺,除了是一名成功的政治家,他还有着律师、哲学家、发明家和建筑学家的头衔。

蒙蒂塞洛

蒙蒂塞洛这栋房子是杰斐逊在弗吉尼亚乡间的住宅,他用自己的想象力对意大利文艺复兴晚期建筑家帕拉第奥的风格进行了再创造。蒙蒂塞洛共有21个房间,特别引人注目的房间是杰斐逊的书房。书房里有一张转台,一把转椅,在一扇窗户的窗口还架有一架望远镜。这间书房有杰斐逊收藏的7000多册图书。杰斐逊热爱园艺,他在蒙蒂塞洛的花园里对植物的生长和繁殖做了大量的研究。后来,他根据自己的研究结果写成了《园圃书》。

弗吉尼亚大学

"知识和自由不稳步前进,我死不瞑目。"在给约翰·亚当斯的信里,78岁的杰斐逊如是说。这不仅仅是古稀老人的一句豪言壮语,也是他毕生的心血所系。作为《独立宣言》和《弗吉尼亚宗教自由法案》的起草人,他为自由呕心沥血;作为弗吉尼亚大学的创建人,他为知识鞠躬尽瘁。迄今,被选入世界文化遗产的大学校园凤毛麟角,弗吉尼亚大学校园则是其中之一。杰斐逊离开白宫后,以农夫与哲学家的姿态度过余生。身为政治家、外交家和思想家的杰斐逊一直认为,不普及对民众的教育,任何共和国都不可能国力强盛。因此,他在结束总统任期之后,于1819年在家乡附近的夏洛茨维尔创办了弗吉尼亚大学。

大学宗旨 弗吉尼亚大学现在是美国排名

从1781~1783年,杰斐逊始终在蒙蒂塞洛度过,他在这里继续从事他的住宅建设和农业科学活动,并发表了《弗吉尼亚记事》一书。此书成为当时最引人注目的一本自然科学书籍,在美国和欧洲都受到很高的评价。

第二的公立大学，其商学院、法学院在全世界享有盛名。建校之初，杰斐逊亲自监建课室、制订课程及选聘教职员，并担任校长。杰斐逊于83岁时逝世，此前一年，他终于亲眼看见了由他筹建的弗吉尼亚大学招生开课。弗吉尼亚大学的宗旨是通过激发学生在了解自然界和人类社会过程中持久的自由探索精神，丰富人类的思想宝库。弗吉尼亚大学被收入世界文化遗产，既是对杰斐逊建筑遗产的肯定，更是对他重视现代高等教育、开创世界一流公立大学实践的尊重。从建校起，杰斐逊就提出和实施了用最高薪酬请欧洲最好的教授的建议，从而保证了弗吉尼亚大学从诞生之日起就处于教育的高水准。

杰斐逊正在起草《独立宣言》的油画

建筑格局 弗吉尼亚大学是杰斐逊所构想的"学术庄园"的具体体现。开放的校园空间是杰斐逊设想的主要特色。校园建设完全不同于以英国牛津大学、剑桥大学为代表的哥特合院式校园布局——当时的大学布局一般都以这两所大学为模式。杰斐逊亲自规划了弗吉尼亚大学，并设计了图书馆。尽管他当时已经82岁高龄，但仍借助自己蒙蒂塞洛家中平房里的望远镜监造了学校的修建工程。

这个学校由相互平行的四排建筑组成，他们之间是开阔的大草坪。图书馆是整个弗吉尼亚大学校园的中心。它的样本是古罗马的万神庙，但杰斐逊并未照搬万神庙的设计：它的门廊是6柱5开间，不同于万神庙的8柱7开间；另外，图书馆门廊上的楣梁还延伸至圆形的外墙体上，构成一条白色的装饰带，也不同于万神庙，显得更加精致。

弗吉尼亚图书馆

1826年，杰斐逊在自己的房子中去世，他的墓穴就位于房屋地下。

蒙蒂塞洛和弗吉尼亚大学
所属洲 北美洲
所属国 美国
地点 弗吉尼亚的夏洛茨维尔
列入名录年份 1987年
文化遗产 蒙蒂塞洛——托马斯·杰斐逊(1743～1826年)的庄园和由他创办的弗吉尼亚大学——作为科学村，建有一个呈U形的楼群，有园亭数座及10所建有教学大楼和教师宿舍的"学校"。
意义 为功能主义与象征主义的完美融合，是新古典主义建筑艺术的杰出典范。

弗吉尼亚大学之父 杰斐逊之所以采用大量的古典建筑，特别是罗马建筑的式样，是因为他认为这种建筑风格更能表现美国人民对民主与共和的追求。杰斐逊为自己创办了弗吉尼亚大学而感到十分自豪，他在自己的墓志铭中这样写道："这里埋葬着托马斯·杰斐逊，美国《独立宣言》和《弗吉尼亚宗教自由法案》的起草者及弗吉尼亚大学之父。"他甚至没有提及自己曾经是美国总统。

奥林匹克国家公园
Olympic National Park
享誉世界的"温带雨林"区

奥林匹克国家公园位于美国华盛顿州西北部的奥林匹克半岛上，1938年建立，1946年正式开放，总面积3628平方千米。公园极佳的地质构造及气候环境，形成了西部茂密的"温带雨林"和东部冰川覆盖的山峰；此外还有茫茫的草原、湍急的溪涧和晶莹如玉的湖泊。从山顶放眼四望，群山林立，湖泊明净，冰川耀眼，景色格外迷人。公园海岸线上还有许多隆起的陡峭岩壁，它们在海浪的不断撞击和冲刷下形成了海蚀穴、海蚀拱和海蚀桥等海岸景观。所有的一切使奥林匹克国家公园成为一处迷人的胜地。

温带雨林

奥林匹克国家公园不仅包括冰雪封顶的奥林匹斯山、山区草地、岩石林立的海岸线，而且还拥有世界上少数几个"温带雨林"之一。从太平洋上吹来的温暖而潮湿的西南风，遇到高山阻挡后形成降雨。这一地区每年平均有2000～3000毫米的降水量。潮湿多雨的气候环境使山地两坡的森林以喜湿的杉科树种为主，林内植被的垂直层次较多，使森林内部显得十分茂密，因此以"雨林"命名。公园中的植物有杂长在一起的云杉、冷杉、铁杉、希特卡松、雪松以及地衣、苔藓和蕨类植物等，展现给世人一幅典型的雨林植物图。藤蔓缠绕的枫树、拔地而起的巨形羊齿植物和厚厚的青苔地面增添了林区的神秘气氛。茂盛的丛林中夹杂着苔藓编织成的厚帷，阳光被滤成黄绿色，更使林区显得奇异瑰丽。

奥林匹克半岛落日

丰富的生态系统

奥林匹克国家公园以其丰富的生态系统而著名，其原始的野生风貌覆盖率高达95%——这是奥林匹克公园呈现给人类的一份大自然的厚礼。该地区有8种在其他地方已经绝迹的植物和5种已绝迹的动物。这里有世界上最大的针叶树，高达70米；枫树的跨径可达12.2米，周身长满苔藓。地上灌木丛生、野花遍地，到处是蕨类植物和地衣。所有的植物都在争夺着生存空间和阳光。生长和腐败在这里循环不息，新的幼树不停地从腐败的树干和倒下的树木旁生长出来。在这幽深静谧的气氛中，上下左右无处不是一片苍翠，使人仿佛潜身绿海，置身于琉璃世界之中。公园的东部有近千千米的羊肠山道，为骑马和徒步者提供了寻幽探胜的机会。

奥林匹克公园入口处的公路

奥林匹克国家公园
所属洲 北美洲
所属国 美国
地点 奥林匹克半岛
列入名录年份 1981年
自然遗产 1938年6月29日辟为国家公园；1976年开辟为生物圈自然保护区。
意义 特别丰富的地形地貌和生态系统，形成西半球最大的"温带雨林"。
动植物志 杉类、阔叶槭属类、蕨类植物以及高山草原；50种哺乳动物，其中大约有5000头罗斯福麋鹿，300只雪羊，此外还有美洲狮、黑熊、属于角兽的云杉金花鼠以及奥林匹克有袋玄鼠和180种鸟类。

"温带雨林"中附生于枫木上的各种藤蔓和地衣、苔藓类植物构成了雨林特有的原始景致。

奥林匹克半岛海岸上的海星

海岸公园

为了保护岩壁、岛屿、海湾的原始粗犷之美，当地政府把沿岸80千米内的海域划归公园。这里水天相接，海滩上往往留有海豹、黑熊和浣熊出没的痕迹，同时公园也是罗斯福麋鹿群的聚居地——5000多头罗斯福麋鹿生活在这里。公园内还有180种鸟禽，包括游隼、本南特貂和斑纹猫头鹰等濒危动物。生物的多样性、海边壮观的风光、繁盛的雨林和雄伟的奥林匹斯山，这些都使奥林匹克国家公园充满了无限魅力。

在奥林匹斯山山顶的某些地方，降雪量十分丰富。积雪在自身重量的压迫下逐渐凝结为冰川。在奥林匹克公园中依然存在着60多个冰川，它们默默地记录着历史。

黄石国家公园
Yellowstone National Park
——令美国骄傲的自然财富——

黄石国家公园是美国历史最悠久、规模最大的国家公园，也是世界上最大的自然保护区之一，位于美国西部怀俄明州西北落基山脉的熔岩高原上，占地8956平方千米，因园内黄石河两旁的峡壁呈黄色而得名。黄石国家公园是世界上第一座以保护自然生态和自然景观为目的而建立的国家公园，不仅拥有各种森林、草原、湖泊、峡谷和瀑布等自然景观，其大量的温泉、间歇泉、泥泉和地热气孔更构成了享誉世界的独特地热奇观。黄石公园也是野生动物的天堂，故也享有"世界上最著名的野生动植物庇护所"的美誉。

黄石国家公园	
所属洲	北美洲
所属国	美国
地点	落基山脉的南面的怀俄明
列入名录年份	1978年
自然遗产	1872年开辟为国家公园，经由220万年前、120万年前和63万年前火山喷发的三个周期而形成，约有300处间歇喷泉，1万个热岩层；有海拔2375米、深119米的北美洲最大的高山湖——黄石湖。
意义	美国历史最悠久，规模最大的国家公园。
动植物志	大部分是森林地带，绝大多数生长松树，另有1000多种其余的植物，其中包括7种针叶树和只在黄石出现的草类；约有200只灰熊，此外还有黑熊、厚角绵羊、驼鹿、狼、丛林狼、山狮、叉角羚羊等动物。

地热景观

黄石国家公园因自然景观和地质现象的差异分为五大区，分别是：玛默斯区、罗斯福区、峡谷区、间歇泉区和湖泊区。五个区的景色各有千秋，但最大的共同特色是"地热奇观"，包括间歇泉、热泉、泥泉等地热活动。其中有历史最悠久、温度最高且变化最大的诺里斯间歇泉盆地以及著名的老忠实泉和由碳酸钙沉淀而形成的玛默斯区梯田等地热景观。

"老忠实"间歇泉　黄石公园最著名的地理景观非间歇泉莫属。分布在黄石公园里的大大小小的间歇泉共有300多个，其中最知名的就是"老忠实"间歇泉。"老忠实"平均每隔70多分钟喷发一次，喷发的水蒸气闪出七彩颜色，蔚为壮观。"老忠实"一直是黄石公园地热活动的象征。近年来，由于地震和人为因素的影响，"老忠实"的喷发时间有时会发生偏移，偏移范围大致在45～100分钟不等。

"老忠实"间歇泉是世界上最著名的间歇泉。它有规律地喷发至少已有200年了，始终给人以深刻的印象。

玛默斯区梯田 玛默斯区位于黄石公园的西北部,这里的热泉不但带来了碳酸钙沉淀,同时因为它的流动,更创造出了"梯田"的奇特造型。由于热泉不断地作用于地层,玛默斯区梯田的形状一直在变化中,所以它又被誉为"黄石公园活雕塑"。玛默斯热泉区可分为上梯田和下梯田两部分,其中景色最为壮观耀眼的密涅瓦梯田,位于下梯田中主梯田的右侧。

黄石河

如果说地热活动是创造黄石奇景的工具,那么河流则是大地塑造黄石胜景的另一只圣手。黄石河由怀俄明州穿越黄石公园地区至北边的蒙大拿州境内,总长1080千米,是北美密苏里河的一大支流。黄石河宽阔汹涌,将山脉切穿为陡峭的河谷,从而创造了壮观的黄石大峡谷。每当阳光洒落,峡谷两岸峭壁特有的金黄色令黄石公园更加名副其实。

黄石湖

丰沛的黄石河水汇集出总面积达353平方千米的黄石湖。黄石河汇合了其他水系,形成黄石地区的水域网,创造了黄石公园中迥然不同的地理景观,形成了湖区的特殊气候,与之相应,也形成了湖区特有的自然景观。野牛、美洲狮等多种动物在此生息繁衍。

喷发的热泉池

黄石湖是美国最大的高山湖群。黄石湖水清澈见底,湖水经过一个缺口流入黄石大峡谷,呼啸而下,形成著名的黄石大瀑布。

黄石大瀑布

由于黄石河穿过地势险要的山区,且水源充沛,河流及其支流深深地切入峡谷,形成许多激流瀑布,黄石大瀑布便是黄石公园中又一处展现大自然神奇力量的壮丽景观。黄石大峡谷源头的这一瀑布高达94米,水流从山间奔腾而下,水声震耳欲聋,响彻峡谷。

黄石的野生动物

黄石国家公园以熊为象征。园内约有200多头黑熊,100多头灰熊。在路边常常可以看到一只大熊带着一两只小熊,阻挡游人的汽车伸手乞食,那滑稽的样子十分可爱。可惜的是,熊的数量日渐减少,政府不得不采取措施对它们严加保护。此外,园内还有各种野生动物。据统计公园内共有1万多头大角鹿、1000多头麋鹿、600多头野牛。较小的飞禽走兽更是种类繁多,处处可见。

热泉水在流下山坡的时候,水中的石灰岩溶质凝结成大小不一的小池子,象梯田一样层层拾级而下。同时由于热水里面细菌的原因,池水显现出不同的颜色。

高达94米的黄石大瀑布是黄石公园中最大的瀑布,比尼亚加拉大瀑布还要高。

红杉国家公园
Redwood National Park
"红杉帝国"

红杉国家公园位于美国西部加利福尼亚州西北的太平洋沿岸，南起大苏尔，北至俄勒冈州界以北不远的地方，南北长80千米，面积429平方千米。公园内有世界上现存面积最大的红杉森林，其中百年以上的老林区有170多平方千米。这里靠近海洋，气候温和湿润，为红杉的生长创造了极为有利的条件。整座红杉林巨木参天，郁郁苍苍，是世界上罕见的植物景观，号称"红杉帝国"。此外公园内还有多种珍贵稀有的动植物物种。

红杉在侏罗纪时期开始大面积生长，需400年才能成材。

雾气氤氲的潮湿环境非常适合红杉的生长。

独特的地理环境

红杉国家公园涵盖了两种截然不同的自然地理环境，一是崎岖的海岸，一是邻海的山脉。绵延55千米长的海岸线，不乏陡峭的岩壁与宽阔的沙滩。从海平面到海拔950米的高度差异，加上终年湿润的海洋性气候，使公园呈现出缤纷多彩的自然生态；已被记录的植被种类多达856种，其中699种是土生土长的，而最具优势的植被形态则是红杉。

长叶世界爷

红杉国家公园最初成立的宗旨就是要保护红杉森林。红杉又叫"美洲杉"，也称"长叶世界爷"。它的树干呈玫瑰般的深红色，长得异常高大，成熟的高达60～100米。红杉的寿命也特别长，有不少已有2000～3000年的高龄，甚至有生长了5000年之久的古木。红杉生长快，成活率高，材质优异，具有很强的避虫害和防火能力，被公认为世界上最具价值的树种之一。化石记录表明，红杉是侏罗纪时期的代表植物，当时分布在北半球的广大地区。现今，它们的生长地域较小，局限在从加利福尼亚州内华达山南端向北至俄勒冈州南部的克拉马斯山约450平方千米的地区内。

红杉的生长 红杉多长在向阳坡和潮湿海岸带的山谷中，它们几乎每天淹没在从太平洋飘来的温暖海雾中。树干由厚实、坚韧、耐火的树皮包裹着。年轻的幼树沿整个树身分蘖，但是随着树龄的增长，下层树枝会逐渐脱落，并最终形成浓密的上层树冠。树冠吸收了几乎所有投向地面的光线，只有在相对疏朗的森林底层，蕨类和耐阴植物才能同红杉幼树一起存活。

红杉的繁殖 红杉是一种种子产量很高的植物，但是只有少量种子能顺利萌芽，即使萌芽出苗后也得与较低的光照度相抗争。红杉的树干或树枝上长着许多半球状的树瘤，这些树瘤的真正价值不在于可以用来制作工艺品或木碗、木盘等，而是能够延续红杉的生命。如果红杉被风吹断、被火烧死或被砍掉，这些树瘤组织会发育出上百棵幼苗，并由树的根系供给营养。不久，小红杉就会环绕这棵"父母树"形成一个圆圈。在自然状况下，红杉缓慢的更新速度可以维持种群的延续，但是，随着人类采伐的增加，红杉林的面积正在迅速减少。

红杉的命运 红杉的命运可谓坎坷不幸。从19世纪中叶开始，人类对红杉的砍伐一直没有停止。进入20世纪以来，大型拖拉机和电锯发挥其伐木的威力，红杉被大面积毁坏。1968年，美国总统约翰逊签署法令，正式设立面积为230多平方千米的红杉国家公园。1978年3月，卡特总统签署法令，将私人手中近200平方千米的红杉林划归红杉国家公园。

红杉虽然不是最高的树，但它是世界上最庞大的树。

红杉的树瘤

罗斯福麋鹿

红杉国家公园
所属洲 北美洲
所属国 美国
地点 加利福尼亚州西北的太平洋沿岸
列入名录年份 1980年
自然遗产 80千米长，面积429平方千米的红杉国家公园。于1968年建成，1978年扩建。
意义 生长着世界上独特的海滨红杉，形成了一种非常值得观注的海洋生态系统。
动植物志 856种植物，其中有699种本地植物，主要为红杉；75种哺乳动物，其中有数量有限的罗斯福麋鹿。

动植物的天堂

红杉国家公园由于靠近海洋，冬季降雨量丰富，夏季雾霭沉沉。这一气候条件不仅为红杉的生长创造了极为有利的条件，也成为森林里动物繁衍生息的天堂。公园内生活着75种哺乳动物，南部有大群的马鹿，海中常能见到灰鲸，潮湿地带则为候鸟提供了休息和觅食之地。到现在为止，有近400种鸟类曾在公园内出现过，清脆婉转的鸟鸣使寂静的森林回荡着美妙的乐章。

约塞米蒂国家公园
Yosemite National Park
—— "自然保护"运动的发祥地 ——

约塞米蒂国家公园位于美国加利福尼亚州内华达山脉西麓，离旧金山数小时车程，占地面积3082平方千米，是美国景色最优美的国家公园之一。"约塞米蒂"源自印第安语，意即"灰熊"，是当地印第安土著（约塞米蒂国家公园最早的居民）的图腾。相传1000多年以前，北美的印第安人就已经在这片广袤的谷地上生息繁衍。直到1857年，随着加州黄金潮引来的滚滚人流，它的神秘面纱才首次被揭开。据说，爱好风景的林肯总统由于不能忘怀它的壮美，于1890年将约塞米蒂变成了国家公园。

约翰·缪尔

约塞米蒂国家公园主要是在约翰·缪尔（1838~1914年）的倡导下成为国家公园的。约翰·缪尔出生于苏格兰，是美国"自然保护之父"。1868年他来到旧金山时，到处打听"荒野在哪里"，后来得知了约塞米蒂山谷。他写道："没有任何人工染成的楼台庙宇可以同约塞米蒂相媲美。"他对约塞米蒂山谷和西部其他原始景观的访察，激励他率先提出"保护山区"的提议，并促使了1890年首批国家公园的诞生。

约塞米蒂谷

坐落在公园内的约塞米蒂谷荟萃了许多辉煌壮丽的自然美景：北美落差最大的瀑布、长寿的红杉、幽深的峡谷、晶莹的湖泊以及在林间出没的飞禽走兽。今天的约塞米蒂谷得益于最近一次冰与火的交融。冰川毫不留情地把那些软弱的岩石带走，一路堆积到默塞德河及附近的峡谷。冰川对山的刨蚀深度达到30米以上，形成了今天约塞米蒂谷的雏形，留下了高山、峡谷、草原、湖泊。而另一方面，约塞米蒂谷只是面

约塞米蒂谷的冰碛湖和"半圆丘"

北美洲和南美洲

峡谷内岩石耸立。

约塞米蒂瀑布分三段降落，共796米，是北美洲落差最大的瀑布。

约塞米蒂国家公园
所属洲 北美洲
所属国 美国
地点 加利福尼亚内华达的心脏地区
列入名录年份 1984年
自然遗产 国家公园于1890年建立自然保护区，最高的塞拉·内华达山有岩石穹顶和914米深的约塞米蒂峡谷，以及300多个湖。
意义 一个经冰川期形成的花岗岩浮雕地区，有冰川堆石、U形谷和无数瀑布景观。
动植物志 共有1400种植物，有74种哺乳动物，例如斑纹松鼠、黄腹土拨鼠、黑熊、丛林狼以及罕见的云杉貂和渔貂科，230种鸟类，例如在国家公园筑巢的须枭。

积为3086平方千米的约塞米蒂国家公园的一小部分。1864年，谷地成为美国第一个州立公园；1890年，其周围地区被指定作为一个国家公园；1906年，国家公园合并了州立公园形成了约塞米蒂国家公园。

约塞米蒂瀑布

约塞米蒂谷茂密的植被涵养了丰富的水源。由出自约塞米蒂谷地高处的特纳亚、伊利亚特和约塞米蒂三条溪流汇成的默塞德河从峡谷内穿过，形成了一系列瀑布。其中包括著名的约塞米蒂瀑布，高739米，是北美落差最大的瀑布。约塞米蒂瀑布虽然没有尼亚加拉瀑布那么壮观，却也别有韵味。巨大的水幕墙随风摇曳，跃过石壁，溅湿木桥，将周围的草木淋得郁郁葱葱。每年5月是观赏瀑布的最佳时机，此时冬雪初融，瀑布开始尽情宣泄，仿佛滔滔江水从天而降，蔚为壮观。

约塞米蒂花岗岩

约塞米蒂谷两侧众多高耸的花岗岩圆丘、巨石和岩壁是公园最引人注目的景观。耸立在谷地南面入口处的"船长峰"，是世界上最大的花岗岩体。约塞米蒂谷的另一端也屹立着一座花岗岩峰，因形状像被利斧劈去一半的巨大圆石而被称作"半圆丘"。它们屹立山顶千万年，似乎要执意保留火山爆发的痕迹。

约塞米蒂泉水

约塞米蒂国家公园的溪流是世界上最著名、最有趣的溪流。水光如银、水声如诉，使大峡谷充满了美妙的歌声，使万物充满了生机。这些溪流是由冰碛地表上的积雪融化而成的。公园里的溪流在不久以前的地质年代里，还被掩埋在冰川之下。当冰川期即将结束的时候，冰盖开始缩小，从平原低地向后撤退，于是河流的较低部分形成了。在融化的冰川边缘，有洞穴状的开口，河流便从中而出，随着冰盖的退后，河流越来越长。然而在几个世纪之中，河流的干流及支流的上游部分仍被掩埋着。饱经沧桑之后，它们也重见天日，在新生的大地上找到了自己的位置。随着气候的持续变化，每一条支流及其更小的分支与主要干流渐渐地形成了。

倒映在默塞德河中的"船长峰"

大峡谷国家公园
Grand Canyon National Park
——活的地质教科书——

世界闻名的美国大峡谷，又称"科罗拉多大峡谷"，位于美国亚利桑那州西北科罗拉多河中游，科罗拉多高原的西南部，拥有地球上最为壮丽的景色。1919年，美国国会通过法案，将其中长约170千米，面积2728平方千米，最深的一段峡谷辟为国家公园。现在，每年都有很多国内外游客到这里旅游，欣赏大自然的鬼斧神工，认识地球亿万年的神奇变化。人们站在绝壁上，仍可想像出当年在幽深的河谷中，巨浪排空、波涛咆哮的壮丽景象。有幸到过大峡谷的人，都不能不由衷地赞叹：大峡谷的确是地球上的一大奇迹。它的色彩与结构，特别是那一股气势是任何雕刻家和画家都无法模拟和表达的。

大峡谷的发现者

大峡谷的天然奇观为世人所知，首先应该归功于一位名叫约翰·卫·鲍威尔的炮兵少校。他在美国南北战争中失去一只胳臂，成为一位英雄；后来通过长时间的探险和科考实践，又成为一位很有影响的地质学家和人类学家。1869年，他带领一小队人分乘四艘小船，深入大峡谷段的科罗拉多河探险。此行是世界探险史上最伟大的探险行动之一，一路上惊险万状，但大峡谷从此为世人所知。

大峡谷国家公园

所属洲 北美洲
所属国 美国
地点 亚利桑那北部
列入名录年份 1979年
自然遗产 1908年置于受保护之列，1919年辟为国家公园；一个经过科罗拉多河形成的惊人大峡谷，包括其北边缘和南边缘。
意义 是一本近20亿年的"地质史书"。
动植物志 有冷杉属、刺松、美国山鸣树、黄松等1500种植物，其中有11种被认为是濒危植物；230多种鸟类，如游隼和棕色鹈鹕；此外还有90余种哺乳动物，如丛林狼、山狮、叉角羚羊、厚角绵羊等。

科罗拉多大峡谷

科罗拉多大峡谷是世界上最大的峡谷之一，也是地球上自然界七大奇景之一。大峡谷的形状极不规则，大致呈东西走向，蜿蜒曲折，像一条桀骜不驯的巨蟒，匍伏于高原之上。那纹理清晰的谷壁层层叠叠，就像万卷诗书构成的曲线图案，在大地上蜿蜒飘舞。

大峡谷北边缘的最高处

科罗拉多河

科罗拉多河发源于科罗拉多州的落基山脉，经犹他州、亚利桑那州，由加利福尼亚州的加利福尼亚湾入海，全长2320千米。"科罗拉多"在西班牙语中意为"红河"，这是由于河中夹带大量泥沙，河水常呈红色，故名。科罗拉多河不分昼夜地向前奔流，有时开山劈道，有时让路回流，在主流与支流的上游就已刻凿出黑峡谷、峡谷地、格伦峡谷、布莱斯峡谷等19个峡谷，而最后流经亚利桑那州多岩的科罗拉多高原时，更出现惊人之笔，形成大峡谷奇观，成为这条水系贯穿的所有峡谷中的"峡谷之王"。科罗拉多河河水挟带的石块和砂粒把两边的峭壁侵蚀得越来越深。如果站在大峡谷边缘，几乎看不出科罗拉多河水的流动。但科罗拉多貌似平静的河水毕竟是造成大峡谷这一地球表面巨大"创伤"的原因。数百万年来，科罗拉多河就像一把不断运动的链锯，每天切割着大峡谷底部的岩层，使大峡谷不断地变深、变宽。直到现在科罗拉多河仍在侵蚀着大峡谷。

从深达1600多米的大峡谷上向下看，科罗拉多河显得非常渺小。然而大峡谷的雕塑者正是科罗拉多河。

峡谷岩层

科罗拉多大峡谷从谷底至顶部沿壁露出从寒武纪到新生代各期的一系列岩系，水平层次清晰，岩层色调各异，并含有各地质时期代表性的生物化石，故有"活的地质教科书"之称。

其蜿蜒曲折、下窄上宽的幽深地层，像亿万卷图书层层叠叠构成的曲线图案，随着大峡谷的迂回盘曲，酷似一条绸带，在大地上飘舞。这种自然景观使人看了不禁感叹大自然的无限美妙。

峡谷动植物

大峡谷栖息着约90种哺乳动物、40种两栖和爬行动物和230种鸟类。这里有珍稀的白头鹰、美洲隼、大蜥蜴等，这里还有世界上绝无仅有的凯巴布松鼠、玫瑰色响尾蛇。而且，上千种植物分布在大峡谷上下，呈现出明显的垂直分布。从谷底的亚热带仙人掌、半荒漠灌木，向上依次更替为温带和亚寒带的桧树、橡树、松树、云杉和冷杉林。

哈瓦苏瀑布是大峡谷内的著名景观。

大沼泽地国家公园
Everglades National Park
——美丽的绿茵水域——

大沼泽地国家公园位于美国南部的佛罗里达州，建立于1948年，面积约5670平方千米。这里沼泽遍布，河道纵横，小岛数以万计，陆地、湖泊、蓝天浑然一体。美国作家道格拉斯曾经把这片沼泽地描述为"地球上一个独特的、偏僻的、仍有待探索的地区"。她写道："浩瀚的水面上布满茂密的莎草，翠绿色和棕色的莎草交织成一大片，闪烁着异彩；草丛下，水色灿烂，流水静淌。"除了优美的风光，这里的水生环境也为无数的鸟类和爬行动物，以及海牛一类的濒危动物提供了很好的避难场所。

奥基乔比湖

整个大沼泽长约160千米，宽约80千米，中央是一条浅水河，河上有无数低洼小岛，星罗棋布。这条河发源自奥基乔比湖，湖水深不及膝，但面积却有1865平方千米。每年6～10月雨季高峰时，一天降水量可多达300毫米，湖水溢出堰堤，注入河中，使水位上涨。沼泽西部，河水流经与墨西哥湾接壤的大赛普里斯沼泽。当河流向东南方向缓缓地流淌时，大海与之汇合，咸水与淡水融为一体。美洲红树在这些咸水中生长得很繁茂，因为其根部可以伸出软泥之上摄取空气。其交错盘生的树根形成水位障壁，拦阻大量泥沙、生物残骸和漂浮物，从而形成新的小岛。

动物避难所

每当莎草被淹没在洪水中或河水在旱季干涸时，这些沼泽地中的小岛就成了动物的避难所。在莎草丛生处可以看到青蛙，而在裂开似的荚果里是成群的蚱蜢。每逢夏天，热带斑纹蝴蝶便经常在这里出现。大沼泽地含有大量水生物，是世界上的鸟类胜地。19世纪80年代，随着更多拓荒者的涌入，成千上万只鸟儿被杀。1905年，美国当局通过了一项法律以保护这一带被禁猎的鸟雀。现在有超过350种鸟雀在此栖息或经常到访，包

大沼泽地国家公园	
所属洲	北美洲
所属国	美国
地点	佛罗里达
列入名录年份	1979年
自然遗产	大沼泽地国家公园建于1948年，面积5670平方千米，属热带与亚热带。
意义	为野生动物生息繁衍的天堂。
动植物志	公园里的红树林根系发达，维持着大沼泽地水土生态的平衡，有许多珍稀动物，包括短吻鳄，佛罗里达海牛以及20世纪曾被大量捕杀的玫瑰色阔嘴鸭等，另有12种海龟和沿海水域的350余种鸟类。

大沼泽地成了濒危野生动物的避难所。

括篦鹭、苍鹭、白鹭及蛇鸟。沼泽内还潜伏着长达5米的鳄鱼。在干旱的季节，它们用头和尾巴猛烈拍击泥沼，为自己挖出水坑，同时也为其他干渴的动物提供了活命的水源。

保护濒危动物

大沼泽地国家公园有许多珍稀动物。曾面临灭绝危险的美洲短吻鳄，如今正在这里繁衍生息。这里还有300余种鸟类，包括20世纪初曾被大量捕杀的玫瑰色阔嘴鸭。鱼泥龟、海豚和幼鲨在这一带酷热的水域内寻找红树树根，栖息其中。橄榄绿色的美洲鳄鼻子比短吻鳄更长、更窄。目前在美国，大赛普里斯是这些美洲鳄的唯一栖息地。体形优美的海牛在佛罗里达半岛附近的海中游动。此外，海牛一般长约3米，重约500千克。海岸附近繁忙的水上交通导致许多海牛死亡，更多的则被机动船的螺旋桨弄得伤痕累累。目前佛罗里达州仅剩下约1000头海牛，保护海牛的计划

辽阔的沼泽地和星罗棋布的各种树林为野生动物提供了安居之地，使这里成为美国本土最大的亚热带野生动物保护地。

正在进行中。忍受文明伤害的不仅仅是海牛。20世纪早期拓荒者发现死去的莎草层是很好的肥料，于是开始排水、灌溉，现在约1/4的大沼泽地成了农田，运河改变和控制了水流。这一切破坏了水和野生动植物之间的平衡。但形势正在转变，曾被农业污染的奥基乔比湖正在进行净化工作。保护湿地不仅仅是对环境或是世界遗产的保护，同时还是对当地主要淡水资源的保护以及维持健康的海洋和河口环境的关键所在。

沙丘鹤，又称"加拿大鹤"、"棕鹤"，是世界鸟类骨骼化石中最古老的一种。它们通常选择沼泽近水的区域做巢区。

夏威夷火山公园
Hawaii Volcanoes Park
——展现火山魅力的地质胜景——

夏威夷火山公园坐落在美国夏威夷岛东海岸的火山区上，面积929平方千米。公元4世纪左右，一批波利尼西亚人乘独木舟破浪而至，并在此栖身定居，他们为这片群岛起名"夏威夷"，意为"原始之家"。19世纪以前，这里原是一个独立王国，1893年成立共和国；1898年美西战争时，美国从西班牙手中夺取了夏威夷；1900年宣布夏威夷为美国领土；1959年成为美国第50个州——夏威夷州。

夏威夷州

这片遥远的太平洋中的群岛总面积为16729平方千米，由132座火山岛、小岛和珊瑚岛组成，主要的岛屿有8座：尼豪岛(Niihau)、考爱岛(Kauai)、瓦胡岛(Oahu)、莫洛凯岛(Molokai)、拉奈岛(Lanai)、毛伊岛(Maui)、卡胡拉威岛(Kahoolawe)以及夏威夷岛。其中最大的夏威夷岛，由5座火山组成，主要包括冒纳罗亚和基拉韦厄两座现代活火山。奔腾汹涌的火山熔岩构成了公园独具特色的景致。

冒纳罗亚火山

冒纳罗亚火山，这座圆锥形的火山是从水深6000米的太平洋底部耸立起来的，从海底到山顶高度超过1万米，比世界最高峰珠穆朗玛峰还高出1000多米，为岛上第一大火山。其大火山口叫"莫卡维奥维奥"，意思是"火烧岛"。冒纳罗亚火山最近的一次喷发发生在1984年4月，喷发的熔岩流向夏威夷岛首府檀香山的方向流泻了大约27千米。喷发前巨大的热浪在火山上空形成滚滚乌云，云层又产生雷电，并导致下雪

基拉韦厄火山是世界上活动最强烈的活火山之一。

天气的出现。有时为了保护附近渔村居民的安全，州政府会动用飞机轰炸，以改变熔岩流流向。

基拉韦厄火山

基拉韦厄火山耸立在冒纳罗亚火山的东南侧，海拔1243米，为岛上第二大火山。"基拉韦厄"的意思是"吐出许多"。这里交通方便，游人较多，山顶形成一个茶碟形的火山口盆地。盆地之内以赫尔莫莫（意思是"永恒的火宫"）火山口最为著名。过去，这里的熔岩像湖面的湖水，经常如潮汐般涨落。近年来，此火山口的活动更见活跃，从1983年初到1984年4月，爆发了17次。其间，火焰飞溅，熔岩流奔腾，像喷泉一样向上翻涌，有时从火山口溢出，有时从岩层裂缝中迸泻而下。金黄色的巨流像巨大的炼钢炉中倾泻而出的钢水，汹涌澎湃，蔚为壮观。因其可以预测的火山喷发时间和火山熔岩流的流向是地质学基础性调查和研究的理想场所，所以这里已经成为世界上最重要的地震火山研究中心。传说夏威夷火山是女神佩莉之家，她时常云游太平洋诸岛，赫尔莫莫的活动就是专门为迎接佩莉女神远游归来而"表演"的。

夏威夷火山公园

所属洲　北美洲
所属国　美国
地点　夏威夷岛东南海岸
列入名录年份　1987年
自然遗产和文化遗产　主要由冒纳罗亚和基拉韦厄火山地形构成的，建立于1916年的夏威夷国家公园，于1980年辟为生物圈自然保护区。
意义　作为7000万年火山活动的结果，是世界上最活跃的、以火山熔岩为特征的火山岛，并有巨大的蕨类植物。
动植物志　5个生物区里的23种植物，一些哺乳类动物以及众多鸟类。

熔岩流奔腾入海，形成蒸汽。

夏威夷火山公园同时也是众多动物繁衍生息之地，有山羊、山猪、鹿、猫鼬等哺乳动物，以及夏威夷雁、吸蜜鸟等当地特有鸟类。由于经历外族迁徙，生态结构发生改变，包括动植物在内的本土原生物种已不多见，但岛上现存的昆虫中，仍有1万种是此岛仅有的。

观光胜地

公园以良好的游览设施每年接纳着200万游客。在宽敞的游览中心可以举办展览会、放映电影，并有大量的文件资料；中心还提供专门的旅游项目。沥青铺就的公路可以方便游客直接环绕基拉韦厄火山的边缘游览。夕阳西下，银灰色的火山口，美丽的自然风光，的确让人流连忘返。如今，夏威夷火山公园已成为全世界首屈一指的观光胜地，它吸引了各地的艺术家，不远千里来到公园旁的火山村或其周围地方定居，以便从事艺术创作。

基拉韦厄火山熔岩流

夏威夷火山的喷发是大自然最壮观的景象之一。

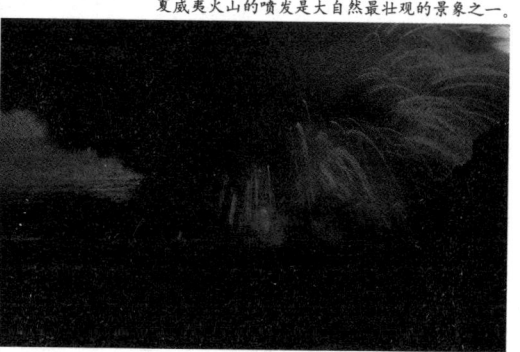

伊瓜苏国家公园
Iguazu National Park
气势恢宏的人间胜境

国家公园内的巨嘴鸟

伊瓜苏国家公园因伊瓜苏瀑布而闻名。由于伊瓜苏河是阿根廷和巴西的界河，因此，伊瓜苏瀑布自然也就成为巴西和阿根廷所共有的自然财富了。阿根廷境内的伊瓜苏国家公园位于米西奥内斯省，由面积492平方千米的瀑布国家公园和面积63平方千米的国家自然保护区组成。巴西境内的伊瓜苏国家公园位于巴拉那州，面积达1700平方千米，这也是巴西最大的森林保护区。除了大瀑布，伊瓜苏国家公园还有面积700平方千米的珍贵的热带原始森林；而且园内沼泽广布，生长着2000余种的植物和400多种的鸟类以及时常出没其间的野猪、山猫、猿猴等野生动物。

发现大瀑布

1542年，一位西班牙传教士在南美洲巴拉那河流域的热带雨林中，意外地发现了伊瓜苏大瀑布：层层叠叠的瀑布环绕着一个马蹄形峡谷，咆哮着倾泻而下，激起的水雾弥漫在密林上空，奔腾而下的水流声几千米外都能听见。从此，这个瀑布就揭开了它神秘的面纱，为世人展示着恢弘的气势。发源于巴西境内的伊瓜

伊瓜苏国家公园

所属洲 南美洲
所属国 阿根廷/巴西
地点 阿根廷的米西奥内斯、巴西的巴拉那
列入名录年份 1984年和1986年
自然遗产 伊瓜苏河与巴拉那河汇合点上的瀑布及珍贵的热带原始森林；1998年圣凯克萨斯水库投入使用后，平均水流量从7000立方米/秒减少至2300立方米/秒，生态系统受到威胁。
意义 国家公园因伊瓜苏大瀑布而成为世界上给人印象最深刻的自然保护区之一；同时，公园也为许多濒危动物，如大水獭等提供了完善的生存空间。
动植物志 公园内90%覆盖着亚热带雨林；还有大水獭、美洲豹、美洲狮、短吻鳄等珍稀哺乳动物和大兀鹫、巨嘴鸟等鸟类。

伊瓜苏河奔流千里来到两国边界处，从玄武岩崖壁陡落到巴拉那河峡谷时，由于河水的水量极大，在这里汇成了一道气势磅礴的世界最宽的大瀑布。

苏河在巴西高原上流淌了1000多千米，沿途集纳了大小河流30多条，在汇入巴拉那河之前，水流渐缓，在阿根廷与巴西边境，河宽1500米，像一个湖泊。河流再往前陡然遇到巴拉那河峡谷时，河水顺着倒U形峡谷的顶部和两边向下直泻，凸出的岩石将奔腾而下的河水切割成大大小小270多个瀑布，形成一个气势磅礴的世界级大瀑布：总宽度3000～4000米，平均落差80米。

瀑布的形成

伊瓜苏河能在这里形成一个壮丽的大瀑布，与此处地质、地理条件是分不开的。巴西的巴拉那河谷是南北走向的玄武岩层，伊瓜苏河及其河床岩层的走向正好与巴拉那河垂直，但其河水的冲刷与侵蚀作用远远比巴拉那河微弱。这样，就在伊瓜苏河与巴拉那河的交汇处，造成了河床的水平位差，经过无数个日日夜夜的冲刷，就形成了现在的伊瓜苏大瀑布。直到现在，大瀑布依然在改变着，相信这种变化还将一直持续下去。

鬼喉瀑 在众多的瀑布中，最高、最壮观的瀑布群是正位于巴西、阿根廷两国交界处的"鬼喉瀑"。因该瀑布在泻入深渊时发出的轰鸣声加上深渊内震耳欲聋的回声令人心惊肉跳，故而得此怪名。该瀑布是一处转弯抹角、群水集聚的涌动喷口，涛声和水色在这里掩盖了一切。在阿根廷的瀑布公园，可以走在其上，也能够走在其下，更可以搭乘小艇，行至瀑布喷口附近，驾船冲进瀑布，体验瀑布之水带来的惊险刺激。顺着一条狭长通道，可以到达瀑布的底部，站在这里环视四周，可近距离地目睹飞瀑和向上蒸腾的水珠雾气。与对岸的阿根廷人相比，巴西人让伊瓜苏瀑布显得更自然，没有太多人为的刻意装饰，虽然国家公园内的各类旅游设施比不上阿根廷那边的先进，却因此增加了一种原始美。

瀑布地处热带季风气候区，每年11月到次年3月为雨季，这时，伊瓜苏河水巨大的水量覆盖崖壁，共同汇成一道半圆形水幕，狂泻而下，其声势之浩大，如万马奔腾。

四溅的水花形成美丽的彩虹

自然博物馆

伊瓜苏国家公园的动植物极为丰富，是世界上珍贵的"自然博物馆"。在这里，沿河一带的植物生长茂盛，种类繁多，植物学家更是将这里的植物视为当今世界上最精美的样本。亚热带潮湿森林中种类繁多的藤类附生植物，覆盖着该地区的大片土地。据统计，在森林中生长的2000余种植物中，最主要的是高达40米的巨形玫瑰红树。它们冲出浓密的林冠，高大挺拔。树下还生长着矮扇棕树，其所生孢芽可以食用，成为人们采集的目标，致使该树已濒临灭绝。瀑布倾泻处的湿地上，还生长着珍贵的草本水生植物。兰花与松树、翠竹与棕榈、青藤与秋海棠生长在一起，色彩鲜明，构成了一个生气勃勃的植物王国。公园中也栖息着一些面临绝种危险的动物，如巨型水獭、短吻鳄和山鸭，以及当地特有的动物，如南美最大的陆地哺乳类动物——貘、食蚁兽、蜜熊、吼猴、南美浣熊、美洲豹、美洲豹猫和美洲虎猫等，它们都极为珍贵，一般游人很难觅其踪迹。

WORLD CULTURE
& NATURE HERITAGE
世界文化与自然遗产
第四章

非 洲

　　非洲历史悠久,是人类文明的发祥地之一。非洲所有缔约国中的34个分布有世界遗产共89项。其中突尼斯拥有8项,埃及则分享了其中的5项,是非洲世界遗产分布的主要国家。

　　早在公元前3500年左右建立的古埃及王国就创造出了以金字塔和狮身人面像为特征的灿烂文化,金字塔更被列入古代"世界七大奇迹"之一。杰姆的古罗马竞技场炫耀着当时倾天下的国势,令莫泊桑、福楼拜也忍不住抒发赞美之词。展现着阿拉伯文化的凯鲁万古城带着传说中飞毯驿站的神奇,等着世界各地的人们去探访。

　　非洲大陆更以丰富的自然资源而闻名世界。它的奇景奇观,不仅因那头傲立世间的豹子蜚声全球,更像非洲角马、斑马及羚羊迁徙时的壮阔场面。

　　非洲人民正以其灿烂多姿的文化、丰富的自然资源,为世界文明的发展创造着特殊的贡献。

>>

凯鲁万古城
The Old City of Kairouan
阿拉伯世界的圣城

凯鲁万是突尼斯的历史名城，位于阿特拉斯山脉东南坡的冲积平原上，北距首都突尼斯市155千米，现为突尼斯第四大城。凯鲁万是阿拉伯人在公元670年战胜拜占庭后建立的一座城池，是马格里布地区第一座完全阿拉伯化的城市。公元800～909年，阿格拉比德王朝曾定都于此，凯鲁万成为伊斯兰教四大圣地之一。突尼斯人认为，到凯鲁万朝觐七次即等于去麦加朝觐。

突尼斯的阿拉伯文化

公元644～713年的"圣战"终于征服了突尼斯土地上的柏柏尔人，哈里发阿拉伯帝国不仅将阿拉伯文化带到了突尼斯，而且通过伊斯兰教神奇地同化了柏柏尔人；不但使柏柏尔人皈依了伊斯兰，而且使这个种族从语言、文化到信仰、习俗完全归于了阿拉伯民族。这段历史是突尼斯充满神奇和英雄传说的历史，既使柏柏尔人感到自豪又足以使阿拉伯人感到荣耀。

凯鲁万古城
所属洲 非洲
所属国 突尼斯
地点 突尼斯南部的凯鲁万
列入名录年份 1988年
文化遗产 由一堵城墙环绕的旧城，拥有城门和胡卡海峡；17堂的大清真寺；"三门清真寺"拥有丰富的西班牙摩尔人风格的装饰物。
意义 曾是马格里布的圣城，也是阿格拉比德王朝的珍珠。

古城区

走进凯鲁万的古城区，便见古街老巷弯弯曲曲，纵横交错，路似迷宫。街旁房舍，墙白如粉，门窗湛蓝，十分悦目。沿途不时见到一

凯鲁万建有许多蓄水池，其中阿格拉比德大蓄水池是凯鲁万水利工程的杰出代表。

奥古斯特·麦克(1887~1914年)的水彩画——《凯鲁万之三》

制和教化他们。因此他在创建凯鲁万城之初就决定建两个机构——清真寺和总督府。凯鲁万也正因拥有此寺而被阿拉伯世界誉为"第四圣城"。

三门清真寺

凯鲁万的第二个重要圣地当属在老城内的三门清真寺。它最令人陶醉的景致是拥有立面墙上那柔和精美的带状雕饰花纹。"这是我在清真寺中所看到的最优雅别致、最多姿多彩、最风情万种的装饰物,也是阿拉伯装饰艺术中最完美的杰作。"这是莫泊桑在参观了点缀着上釉陶瓷饰物而显得格外富丽堂皇的三门清真寺之后的感受。

今天的凯鲁万

目前,有8万居民的凯鲁万城,是羊毛、皮革、谷物、橄榄油的集散地,并以精制突尼斯皮革、地毯、铜器等闻名。今天凯鲁万古城的大街小巷人头攒动,热闹非凡,它不仅是神圣的朝觐地,也是贸易集散地,两种看似格格不入的文化就这样碰撞出了独特而显明的城市风格。

座座清真寺尖塔,里面总是挤满了虔诚的信徒,匍匐在地向真主顶礼膜拜。沿街店肆林立,货摊鳞次栉比,眼前的商品琳琅满目,耳边叫卖声此起彼伏,一派醉人的阿拉伯风情。

大清真寺

城内寺庙星罗棋布,因此凯鲁万有"三百清真寺之城"的美誉。其中最负盛名的是位于城东北的奥克巴清真寺,又称为"大清真寺"。此寺始建于公元672年,经两次扩建后成为一座富有阿拉伯风格的宏伟建筑。它不仅是北非历史最悠久、规模最大的清真寺,而且也是与麦加、麦地那、耶路撒冷齐名的世界四大清真寺之一。站在十几千米之外,就可遥见大清真寺高耸的塔尖,它已成为凯鲁万古城的特殊标志。该寺最初的设计和建造者是奥克巴·本·纳菲,这位阿拉伯第三次远征军的统帅,既是一位骁勇善战、富于谋略的军事指挥官,又是一个富有治国方略的总督。他意识到要治理北非民众,除了行政的统治外,还必须用宗教从精神上控

用大理石和斑岩做柱的大清真寺是穆斯林西部世界最古老的寺院。它也成为马格里布地区一些清真寺建造的标准,特别表现在装饰色彩的基调方面。

美丽的古城街巷随处可见稍作休息的旅游者和商人。

杰姆的古罗马竞技场
Amphitheater of El Jem
——罗马帝国在非洲的遗痕——

杰姆城位于突尼斯东北部,是典型的伊斯兰城市,但却拥有一座公元3世纪所建的罗马竞技场。古代腓尼基人曾经在杰姆建立城市,后来,罗马皇帝哈德里安又将此地建成闻名遐迩的富庶之都。当时的杰姆城拥有罗马城市的一切先进设施,如广场、剧场、跑马场、竞技场、花园、漂亮的住宅区等,城市人口3万多。但当年杰姆古城的大部分建筑如今已经难于寻觅,恐怕唯有这座北非最壮观的古罗马竞技场还彰显着当时的荣耀。不少著名作家如莫泊桑、福楼拜等都曾专程来此观光,并将它描述为"世间美妙绝伦的斗兽场"和"罗马帝国在非洲存在的标志和象征"。

戈尔迪安一世

公元235~286年间,罗马帝国在北非的一连串残暴统治激发了一场声势浩大的暴动,当地人因为橄榄油的跌价而穷困潦倒。罗马皇帝的沉重赋税激起了他们心中的怒火,终于揭竿而起。人们推举年老的北非总督戈尔迪安一世为新的罗马皇帝。当时戈尔迪安因热心赞助体育活动而获得广泛支持,是建造杰姆椭圆形竞技场的最热衷倡导者。但是他错误地估

杰姆的古罗马竞技场是北非最大的竞技场遗址。这个建于公元3世纪的巨大的椭圆形竞技场能够容纳3.5万名观众,其建筑结构反映了罗马帝国的庄严和庞大。

杰姆的古罗马竞技场
所属洲 非洲
所属国 突尼斯
地点 杰姆城
列入名录年份 1979年
文化遗产 宏伟壮观、气势恢弘的古罗马竞技场。
意义 世界三大古罗马竞技场之一。

计了自己的军事实力,接受了皇帝的头衔,他的野心只招来了一场灾难。公元238年发生叛乱后,忠于马克西米努斯皇帝的军队摧毁了该城,戈尔迪安在迦太基自己的别墅里自杀了。不管结局怎样悲惨,戈尔迪安终究热心帮助修建了竞技场。城市虽然衰落了,竞技场却保留了下来。

雄伟的规模

杰姆竞技场的规模相当惊人,几乎和罗马城竞技场一般大。尽管在一段时间内,当地人把它的建筑材料当作它用,但大竞技场的宏伟气势仍不减当年,成为罗马帝国在非洲鼎盛辉煌的见证。竞技场长轴148米、短轴122米,是用1米长、70厘米宽、50厘米高的大石块建造而成的。四周看台宽大,下有18圈坐台,上有4层包厢,共可容纳观众约3.5万人。国王的专设包厢在南边,南门也为王室专用,一般观众只能从北门进出。位于中间的竞技场长65米、宽39米,周围竖立3米高的安全石墙,与观众台隔开。

竞技场的命运

当年的这座椭圆形竞技场是市民娱乐的场所。场地东侧地下5米深处,有两排洞屋,一边关押战俘,一边关狮子、老虎、豹子等猛兽;另有两个洞口通

杰姆古罗马竞技场遗址位于突尼斯东部的杰姆城中心,其规模相当惊人。

杰姆的古罗马竞技场建于公元230~238年,是目前世界上保存最好的竞技场之一,气势宏伟,价值极高。

杰姆竞技场是罗马时期人兽比赛的地方,后来又成为柏柏尔人举行节庆的场所。这座非凡的建筑物体现出罗马建筑师和工匠们的精湛技艺,也是罗马帝国鼎盛辉煌的见证。

场地。格斗时,人从洞口走上来,兽则放在跳板上弹到地面。有时是兽与人斗,有时是兽与兽斗,有时是人与人斗。曾有一位来自东方的德莱玛科隐修士进场恳求组织者放弃这种残忍的比赛,却被观众活活地以乱石砸死,于是在公元404年,雷诺瑞亚斯皇帝便宣布禁止了这种残酷的表演。公元7世纪左右,北非并入阿拉伯帝国版图,这座罗马竞技场也就顺势成为柏柏尔人举行节庆的场所。参观这座竞技场的时候,可以看到场底有一条凹形坑道,此坑道自从被挖掘之后,迄今尚未找到尽头。这座气势雄伟的竞技场在17世纪前,基本上是完整无损的。1726年,奥斯曼帝国皇帝为镇压抗拒捐税的起义民众,下令向场内群众开炮,致使竞技场被破坏,残存部分仅有原来的3/5左右。突尼斯独立之后,为了保护这一珍贵的文化遗产,对竞技场进行了修复和加固工程,围墙、拱门、台阶、立柱、外观等一一得到了修缮,周围的积土得到了清除。修葺后的竞技场雄伟壮观,古老的建筑重新焕发了当年的英姿,成为来自世界各地的游客竞相游览的古迹。

伊斯兰开罗
The Islamic City of Cairo
——古老而真实的伊斯兰之城——

伊斯兰开罗，指今埃及开罗市老城区部分。伊斯兰开罗在除了展现少数古埃及、古希腊、古罗马的文化外，更主要的是体现其伊斯兰文化。伊斯兰开罗整个城市就是一座名副其实的"伊斯兰博物院"，到处都有历代伊斯兰王朝的建筑标志和艺术精品。

伊斯兰渊源

从公元641年阿拉伯人征服埃及后，开罗先后经历了法蒂玛王朝、阿尤布王朝、乌木鲁克王朝、穆罕默德·阿里王朝以及奥斯曼帝国的统治，拥有千余年的历史。这些伊斯兰朝代给开罗留下了弥足珍贵的历史文物。至今，开罗一直都是伊斯兰世界的政治和文化中心，任何外来者都必须尊重这里的伊斯兰文化和感情才能存在。

千塔古城

统治开罗的各王朝都信奉伊斯兰教，先后修建了众多清真寺，至今老城内仍有古清真寺500多座。尽管清真寺规模大小有别，但每座寺院都必须建1~4座宣

尼罗河滋养下的开罗

伊斯兰开罗
所属洲 非洲
所属国 埃及
地点 开罗旧城区
列入名录年份 1979年
文化遗产 开罗古城，包括古代城堡，其中一部分是用来自孟菲斯较小型金字塔的石材建造的，此外还有穆罕默德·阿里清真寺（雪花石膏清真寺）等著名清真寺。
意义 是世界上最古老的伊斯兰教城市之一。

礼塔（主要作用是在高处宣扬《古兰经》教义）。因此清真寺院与宣礼塔合起来已近千座，故开罗有"千塔之城"的美誉。

艾哈迈德·伊本·图隆清真寺

艾哈迈德·伊本·图隆清真寺是埃及历史上的第三座清真寺，位于开罗旧城南部，由图隆王朝奠基者艾哈迈德·伊本·图隆于公元879年建成。这座清真寺曾经塌毁，后经多次修复。庭院东侧的柱廊最雄伟，五排拱门由巨大的方柱支撑，每个方柱四角还有4根小支柱。

穆罕默德·阿里清真寺院中的井房，用于宗教洗礼仪式。

坐落在老城萨拉丁城堡内的穆罕默德·阿里清真寺

这些柱廊拱门用砖建造，外面敷以熟石膏。清真寺的宣礼塔造形非常别致，是仿照伊拉克萨马拉清真寺的螺旋尖塔设计的。

穆罕默德·阿里清真寺

穆罕默德·阿里清真寺始建于1830年，具有土耳其风格。清真寺墙外层全部敷以黄色雪花石膏，因此也有"雪花石膏清真寺"之称。该寺的大型圆屋顶高52米，直径21米；两个宣礼塔直插云霄，塔尖距地面85米，为开罗标记之一。寺西南有一围栏，是穆罕默德·阿里的坟墓，阿里这位奥斯曼帝国统治时期的埃及总督，1848年死后埋葬于此。

俯瞰伊斯兰开罗，大大小小的清真寺数不胜数。

萨拉丁城堡

萨拉丁城堡位于首都开罗东郊穆卡塔姆山脚下，是埃及苏丹萨拉丁为抗击十字军东侵在1183年建造的。城堡原名叫"山堡"，后来人们都称其为"萨拉丁城堡"，穆罕默德·阿里清真寺就在该城堡内。城堡虽历经战争，且一角已毁，但整个城堡至今仍十分坚固。1946年，英国军队曾在这里向埃及军队交权。城堡旁有面积很大的萨拉丁广场，从12～19世纪，这里一直是举行马球比赛、集会和行刑的地方。穿过广场，有苏丹·哈桑清真寺与城堡相对。登上城堡，可俯瞰清真寺全景。城堡在法鲁克王朝时期是个大监狱，现开放为游览地。

艾资哈尔大学

在开罗老城的闹市区，坐落着被誉为"伊斯兰文化灯塔"的艾资哈尔大学——世界上最古老的大学之一。大学内有多座穿云插天的宣礼塔，饱经沧桑，千百年来一直是艾资哈尔大学的象征。艾资哈尔清真寺建于公元970年，由于伊斯兰教学者常在这里讲经布道，逐渐发展成为一所宗教学校。这所大学的伊斯兰研究学院仍保持着在艾资哈尔清真寺里席地围坐的教学方式。多年以来，艾资哈尔大学培养了一批批研究伊斯兰文化的人才，他们活跃在亚非数十个国家，成为保护、传播和发展伊斯兰文化的主要力量。

金字塔区
The Pyramid Fields of Egypt
—— 埃及文明永恒的象征 ——

埃及被描绘为只有长度而没有宽度的国家，虽然它的面积有100多万平方千米，但其可居住地区只限于尼罗河两岸的狭长地带，这片地带以外全都是沙漠。但在尼罗河流域却存在着一种古老而伟大的文明见证——金字塔。金字塔区是埃及最著名的古文明发祥地，它代表了埃及悠久的历史和灿烂的文化，是古代"七大奇迹"唯一现存的。

建造金字塔

一般说法认为金字塔是古埃及法老（国王）的陵墓。古埃及法老为了显示其至高无上的权威，并幻想成为永恒的统治者，在生前就为自己建造陵墓。到目前为止，开罗附近的尼罗河两岸，尚存70余座金字塔。相传，古埃及第三王朝之前，无论王公大臣还是老百姓，死后都被葬入一种用泥砖组成的长方形坟墓中，古代埃及人叫它"马斯塔巴"。后来，有个聪明的年轻人伊姆荷太普，他在给埃及法老左塞王设计坟墓时，发明了一种新的建筑方法。他用从山上采下的方形石块来代替泥砖，并不断修改陵墓的设计方案，最终建成一个57米高的六级梯形金字塔，也就是人们现在所看到的第三王朝法老左塞王的六层金字塔。建金字塔之风在第三王朝法老时扩大，到第四王朝时，法老更加不计代价地兴起造墓之风，于是便出现了吉萨三大金字塔。

第五王朝是由太阳神的祭司长建立的。由于人

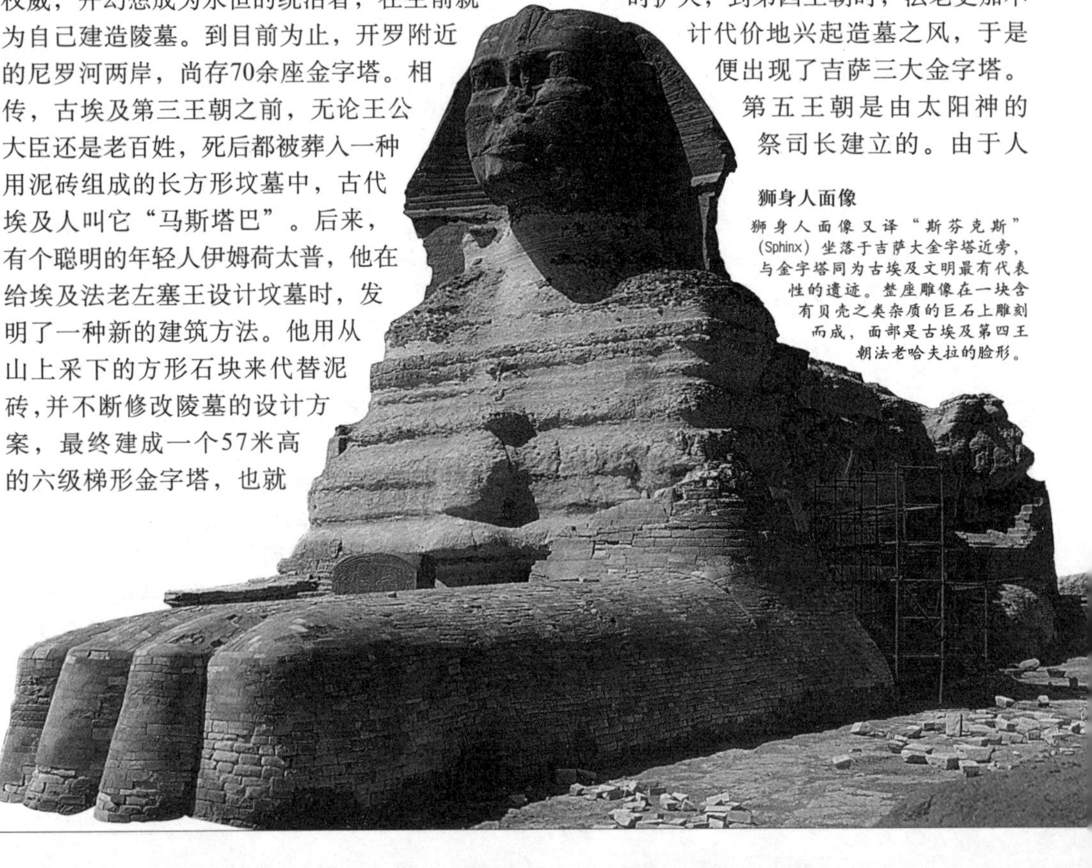

狮身人面像

狮身人面像又译"斯芬克斯"（Sphinx）坐落于吉萨大金字塔近旁，与金字塔同为古埃及文明最有代表性的遗迹。整座雕像在一块含有贝壳之类杂质的巨石上雕刻而成，面部是古埃及第四王朝法老哈夫拉的脸形。

民的激烈反对和法老财力的拮据，第五王朝建造金字塔的规模显然缩小了。第六王朝以后，地方势力抬头，各州州长纷纷自立，法老的中央集权有名无实。古王国的统一局面逐渐陷于分裂瓦解，兴建金字塔之风也由此衰弱。专家认为，金字塔的建造与古埃及人信仰太阳神有关。古王国时期，太阳神已被奉为埃及的"国神"，法老被认为是"太阳神之子"。金字塔铭文里称："天空把自己的光芒伸向你，以便你可以凌空升天。"这句话表明法老希望死后回归太阳神之界的心愿。

孟菲斯

孟菲斯在公元前3000年由法老美尼斯所建，在人类历史上已经存在了5000年之久，曾是上、下埃及首次统一后的都城，也是金字塔时代行政、宗教和军事中心。在希腊历史学家及哲学家希罗多德的描述下，孟菲斯的繁荣与发达大概不下于今日的纽约。在此后漫长的岁月中，孟菲斯曾几度兴衰，最后毁于公元7世纪。不断移动的流沙埋没了庙宇、墓葬和古城，现在的孟菲斯只是个不起眼的小镇，仅存拉美西斯二世时代的神庙遗迹、塞拉皮神庙、第二十六王朝法老的王宫遗迹等。如果不是因为金字塔区位于其附近的吉萨高原上，大概也不会有这么多人造访此地。

吉萨金字塔是埃及最著名的金字塔群。这三座金字塔，皆建于古埃及第四王朝时期，是胡夫、哈夫拉和门卡乌拉祖孙三代法老的陵墓。

吉萨金字塔 在金字塔聚集区，有大小金字塔万余座，不过最完美、最引人注目的当属吉萨的三座，其建筑技巧迄今无人能比。吉萨最高的胡夫金字塔，高达146.5米（约48层楼高），大约是公元前2560年完成的，约由230万块石灰石堆叠而成，平均每块石头重约2.5吨，这些石头可以供应30个纽约全市建筑所需的石材。吉萨另外两座金字塔是哈夫拉（胡夫之子）金字塔和门卡乌拉金字塔。

金字塔区	
所属洲	非洲
所属国	埃及
地点	孟菲斯及其周边
列入名录年份	1979年
文化遗产	吉萨耸立着埃及当时最大的金字塔，包括胡夫金字塔、哈夫拉金字塔、门卡乌拉金字塔及巨型狮身人面像；此外，还有高达60米的法老王左塞的阶梯状金字塔等。
意义	现存的古代"世界七大奇迹"之一。

大拉萨区 在孟菲斯的大拉萨区，残存的祭祀神殿、金字塔、坟墓等建筑几乎都是无可匹敌的人类遗产。不过，这片建筑淹没在沙漠之中，直到20世纪才被发现。其中造型最特殊的阶梯金字塔是在1924年被发现的，这是法老王左塞为自己盖的坟地，执行者是古埃及的建筑天才——伊姆荷太普。他是第一位开始使用石材取代泥砖与芦苇建材的建筑师，他把石头切割成砖块，然后往上堆叠，形成这一座高达60米、东西长123米、南北宽107米的阶梯金字塔。

神秘的埃及金字塔吸引许多科学家、考古学家和历史学家前往探究，也吸引着世界各地的无数游客前去观光游览。

阶梯金字塔是第三王朝法老左塞王的陵墓。塔高60米，底边东西长123米，南北长107米，分为6层，从下往上，一层比一层小，像阶梯一样。

从阿布辛拜勒到菲莱
From Abu Simbel to Philae
努比亚人的文明古迹

从阿布辛拜勒到菲莱的努比亚遗址位于埃及和苏丹的交界处。在这个区域之内有许多努比亚建筑的遗迹,但是由于阿斯旺水坝的建立造成水位高涨,许多遗迹都遭到严重的威胁,包括拉美西斯神殿、菲莱神殿、卡拉巴夏等。在世界教科文组织的协助之下,这些遗迹已被一块块地拆解下来,并另觅高地重组。而努比亚博物馆更是把该地区所有挖掘出来的手工艺品、古文物等全部收藏,人们可以在博物馆内看到努比亚民族在不同历史阶段的发展状况。

努比亚地区

努比亚地区是指从埃及最南之城——阿斯旺的尼罗河畔,到埃及南部的苏丹喀土穆地区,过去属于库斯王国。在许多出土的壁画与雕刻中,努比亚人被描述成商人或佣兵,其实努比亚拥有自己独特的文化、建筑、语言,且保存完整。即使在纳塞湖建立之后,居于该地的努比亚人被迫迁居到阿斯旺或是苏丹南部,仍坚守着自己的传统,因此孕育了独特缤纷的努比亚文化。

拉美西斯二世神庙前有4尊拉美西斯二世的巨像,取端坐姿势,像高20米,是古埃及岩窟造像中最大的。

阿布辛拜勒

阿布辛拜勒以拉美西斯二世建立的两座神庙闻名全球。两座神庙中,大的是拉美西斯二世神庙,较小的一座是其妻子纳法塔莉祭祀哈特女神的纳法塔莉神殿。拉美西斯二世在位的67年,正值古埃及盛世。为了证明自己的英明神武,他将大部分前朝所建的君王雕像换成了自己的模样,这座拉美西斯二世神庙正是对他自己毫不掩饰的歌颂。神庙正门的四个雕像高20米,脚下的小像就是皇后纳法塔莉。两座神庙完成于公元前1290到公元前1224年,迄今已有3000多年的历史。现在,神殿外那四尊拉美西斯二世的石像,已成为除金字塔之外,最有资格代表埃及的象征。这两座神殿展现了古埃及最著名的君王最逼人的气魄和当时富倾天下的国势。

菲莱

菲莱是位于阿斯旺以南15千米处的一座小岛,以辉煌奇特的建筑、宏伟生动的石雕及石壁浮雕上的神话故事而闻名,最著名的便是岛上的菲莱神庙。菲莱神庙诞生于法老帝国的晚期,即托勒密王朝时期,它供奉着生殖女神伊西斯及其小儿子何露斯。当罗马人统治埃及时,罗马皇帝们对这座神庙情有独钟,他们让人在神庙墙壁上画了自己穿着法袍的形象。神庙第一重双塔式门上的浮雕展现了何露斯为跟踪其叔叔塞特(杀死其父亲俄塞里斯的凶手)不得不藏匿于三角洲沼泽地的情景。神庙第二重双塔式门倾斜地矗立于神庙的轴线上,上面用浮雕装饰,其内容表现了为神灵何露斯所做献祭的场景。穿过一系列前厅,人们抵达最神圣的内殿,那里安放着祭坛基座,上面从前停泊着用于放置伊西斯祭祀画卷的神灵小舟。

菲莱神殿内的象形文字
菲莱神殿里有目前发现的最后的象形文字碑文和一些形象生动的浮雕。

努比亚博物馆

除了上述两处因建水坝而被迫迁移的神殿之外,了解努比亚文化的最佳地点就是努比亚博物馆了。努比亚博物馆的设施水准在埃及是数一数二的,仅仅准备工作就耗时约10年,陈设内容将努比亚地区从史前时代到现代近4500年的历史、文化、艺术都囊括在内。博物馆的展场可分为石器时代、金字塔时代、努比亚时代、科普特时代、库斯王国伊斯兰时代等,另有一个展览场展示着世界教科文组织在该地区的工作过程。保存下来的珍稀的努比亚文明遗迹展示着几千年前古埃及的伟大,同时也诉说着越来越多的文明日渐消亡的无奈和遗憾。

从阿布辛拜勒到菲莱
所属洲 非洲
所属国 埃及
地点 努比亚地区
列入名录年份 1979年
文化遗产 拉美西斯二世神庙和菲莱巨大的神庙等遗址
意义 令人印象非常深刻的神庙设施是拉美西斯二世、托勒密王朝和罗马皇帝时代的光辉印记。

坦桑尼亚国家公园
The Tanzanian Wilderness
非洲野生动物的家园

坦桑尼亚位于非洲东部,国土面积约94.5万平方千米,全国地形以高原为主,境内有海拔5895米的非洲第一高峰乞力马扎罗雪山以及众多的野生动物园。坦桑尼亚有10个野生动物保护区、11个国家公园、50多个野生动物管辖区,总面积占国土的1/4,这成了该国的宝贵资源。由于坦桑尼亚是非洲拥有自然资源较多的国家,因此旅游业成为坦桑尼亚经济中的重要组成部分;而这些作为世界自然遗产的国家公园和动物保护区更吸引着大批游客慕名而至。

塞伦盖蒂国家公园

塞伦盖蒂国家公园是坦桑尼亚面积最大、野生动物最集中的国家公园。它位于坦桑尼亚北部高原,临近维多利亚湖,呈现稀疏草原景观。园内有野生动物170余种,仅角马就有150余万头。此外,还有数以万计的斑马、羚羊、马鹿、长颈鹿以及众多非洲象、河马等野生动物。大群斑纹角马、斑马及羚羊的迁徙,构成了这一生态系统的最大特色。每年旱季来临之时,生活在草原西部的迁徙动物便开始向中部聚集,汇成浩浩荡荡的迁徙大军向北迁移,队伍绵延十数千米,构成世界上绝无仅有的壮观景象。公园植被以开阔草原型植物为主,但在严重干旱时几乎全部变为沙漠。在较湿润地区,水蜈蚣属植物生长最具优势。公园中部为大片金合欢林地草原。丘陵植物和茂密的林地,以及一些长廊林覆盖了公园北部的大部分地区。在一段时间内公园处于封闭状态,直到1983年

上百万头角马、斑马、羚羊以及其他食草动物在旱季来临前会集合到一起,从塞伦盖蒂国家公园向北迁徙到肯尼亚南部境内。

乞力马扎罗山最高峰基博峰峰顶有一个直径达1800米的火山口，火山气体不断喷出，与周围覆盖的积雪形成云遮雾绕的壮丽景色。

坦桑尼亚国家公园

所属洲　非洲
所属国　坦桑尼亚
地点　坦桑尼亚东部和北部
列入名录年份　1981年、1982年、1987年
自然遗产　塞伦盖蒂国家公园，绝大部分是热带稀树草原；塞卢斯动物保护区，1922年辟为禁猎区；乞力马扎罗国家公园，1921年辟为森林保护区。
意义　拥有非洲最高峰和非洲最大的野生动物生存区。
动植物志　100多万头羚羊，约16.5万头汤姆森羚羊、近13万只斑马、上万头非洲象、3000余头狮子以及大量长颈鹿、河马、猎豹、斑纹鬣狗等野生动物；珍稀植物，如石南树、山龙眼植物、狗舌草、石观音杉等。

12月，肯尼亚－坦桑尼亚边界重新开放，从而游客大增。

塞卢斯动物保护区

塞卢斯动物保护区位于坦桑尼亚东南部的科亚斯特区、莫罗戈罗区、林迪区、木特瓦拉区和鲁伍马区。保护区大部分在鲁菲吉河流域，这里生活着上万头非洲象、河马、水牛、角马、斑马、驼鹿，以及世界上最大的鳄鱼群。还有一定数量的黑犀牛，其他动物如猎豹和大量的野狗也可能是非洲大陆上数量最多的。这里还有丰富的鸟类资源，包括圆喙鸭、犀鸟和短尾雕等。保护区内主要有两种植被类型：东部地区主要是草地；西部地区则是落叶林地，包括短盖属、紫檀属等植物以及被认为其植被类型只能在高温中得以保持的风车子属植物。还有一部分地区分布有茂密的灌木丛以及由河床和地下水浇灌的森林。据记载，保护区内至少有2000多种植物，但在南部边远的森林里则有可能发现更多的植物种类。

乞力马扎罗国家公园

乞力马扎罗国家公园位于坦桑尼亚北部，邻近肯尼亚。该公园建于1968年，面积756平方千米。"乞力马扎罗"在斯瓦希里语中意为"光明美丽的山"。的确，当赤道的骄阳照射到雪山冰晶般的山顶时，公园就会展现给人们一幅五彩缤纷、绚丽夺目的景观。乞力马扎罗雪山也是世界最高的火山之一，素有"非洲屋脊"之称，而许多地理学家则喜欢称它为"非洲之王"。山上有几处火山口还不时冒出一缕缕青烟。在乞力马扎罗国家公园中，有一个静止的火山口，深达200米，底部存有许多大冰柱，从天上看，就像个晶莹的大玉盘，光彩耀眼。该国家公园具有生长热带、温带和寒带植物的不同气候条件，因此公园内不同海拔地区的景色迥然不同。树木线以下是莽莽苍苍的热带雨林，海拔2900米以上是单一的高山灌木和草丛，而雪线以上只有苔原和冰原。公园内栖息着包括热、温、寒三带的多种野生动物，如大象、蓝猴以及阿拉伯羚、大角斑羚等等。

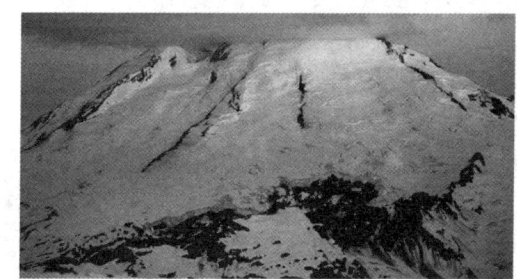

乞力马扎罗国家公园内的乞力马扎罗雪山巍峨庄严，有"非洲屋脊"之称。

塞卢斯保护区占地5万平方千米，在这个很少受人类干扰的广大地区，生活着数量众多的野生动物。

WORLD CULTURE
& NATURE HERITAGE

世界文化与自然遗产
第五章

大洋洲

大洋洲，意即"大洋中的陆地"，是世界上最大的岛屿群。因其独特的地理位置，以岛屿为主的大洋洲入选的世界遗产多以自然景观为主。

绵延2000多千米的珊瑚礁岛，组成了世界上最大的珊瑚群——大堡礁，景色蔚为壮观。艾尔斯巨石不停变换的色彩显示了色谱上所有的颜色，怎能不令人惊奇？陆标般的米特峰静静地矗立在新西兰的米佛峡湾旁。飘浮的旗云展示着雪山的孤傲。一座只有75万年历史的"年轻"活火山——鲁阿佩胡火山，山顶终年积雪皑皑，已成为世界著名的滑雪胜地。

这些令人称奇的自然遗产将在本章内逐一为您展现。

>>

卡卡杜国家公园
Kakadu National Park
—— 大洋洲古老多姿的自然和文化瑰宝 ——

卡卡杜国家公园是澳大利亚最大的国家公园，位于北部海港城市达尔文以东250千米处，占地约2万平方千米，以郁郁苍苍的原始森林、各种珍奇的野生动物和保存的2万年前的山崖原始壁画而闻名于世。卡卡杜国家公园优美的自然风光、珍稀的动植物资源和原始的土著文化构成了一个完整的生态系统，吸引着世界各地旅游、探险、考古爱好者的造访。

多样的植物

公园内植物类型丰富，尤其特殊的是阿纳姆西部砂岩地带的植物类型，此外还有许多地方性属种。最近的研究表明，公园内大约有58种植物具有重要的保护价值。这些植被可以大致划分成13个门类，其中7个以桉树的独特属种占优势为特征。这里，属澳大利亚特有的树种包括大叶樱、南洋杉等树木。另外，国家公园还有大片的棕榈林、松树林、橘红的蝴蝶花树等等。

丰富的动物资源

这里的动物种类丰富多样，是澳大利亚北部地区的典型代表。公园中64种土生土长的哺

公园洞穴里保存着许多当地土著居民绘制的岩画，这些考古遗址展示了他们各个时期的生产技能和生活方式。

卡卡杜国家公园

所属洲　大洋洲
所属国　澳大利亚
地点　达尔文以东
列入名录年份　1981年，1987年，1992年扩展
自然遗产和文化遗产　1987年建成具有现在2万平方千米面积的国家公园，公园内有1.8~2.5万年前的岩画。
意义　澳大利亚最大的国家公园，有着最近4万年连续定居的痕迹。
动植物志　发现超过1600种植物；开阔的桉树林是占优势的植物形式；64种哺乳动物，其中蝙蝠种类的将近1/2为澳大利亚所独有，128种爬行动物，其中有斗篷蜥和流汗龟鳖，另有超过280种的鸟类。

卡卡杜国家公园内植物类型丰富，是澳大利亚北部季风气候区植物多样性最高的地区。

乳动物占澳大利亚已知的全部陆生哺乳动物的1/4还多。澳大利亚1/3的鸟类也在这里聚居繁衍，品种在280种以上，其中各种水鸟为其代表性鸟类。禽鸣鸟啼于一片鼓噪熙攘之中，使这里更显蓬勃生机。每当傍晚飞鸟归巢时，丛林中和水塘边，一些为澳洲特产的野狗、针鼹、野牛、鳄鱼等哺乳动物便从巢穴里出来觅食，使这里又出现一幅弱肉强食的自然进化图。因而，保护这里的动物群无论对于澳大利亚还是对于全世界都具有极其重要的意义。

岩石壁画

悬崖是公园里别具特色的景观。悬崖上有许多岩洞，里面有在世界上享有盛名的岩石壁画，现已发现大约7000处，在阿纳姆高原地带这种洞穴最多。这些壁画是当地土著的祖先用蘸着猎物鲜血或和着不同颜色矿物质涂抹而成的。壁画的内容反映了当地土著祖先各个时期的生活内容、生产方式以及某些野兽、飞禽的形象，其中一部分内容与原始图腾崇拜、宗教礼仪有关。在壁画中有一些不为现代人所理解的抽象图形：有的人体壁画很奇特，头常呈倒三角形，耳朵呈长方形，身躯及四肢特别细长，并且经常可以见到多头多臂的人体图形。画中人物多处于一种运动姿态，或曲身、或跳跃、或劲舞，从中可看出先民们属于热情开放、能歌善舞而又极富幻想的民族。壁画较完整地反映了土著文化的各个历史时期的发展历程，为澳大利亚的考古学、艺术史学以及人类史学提供了珍贵的研究资料。

卡卡杜荒原崖壁

大堡礁
The Great Barrier Reef
世界最大的珊瑚礁群

大堡礁是澳大利亚东北海岸外一系列珊瑚岛礁的总称。它纵向分布在离岸16～240千米的海上，大致沿昆士兰海岸断断续续绵延2000多千米，是世界上规模最大、景色最美的珊瑚礁群。作为世界上最伟大的自然奇观之一，大堡礁一向被人们称为"人世绝域"，是澳大利亚人最引以为荣的天然景观。

大堡礁是在数千万年悠远的岁月中，由珊瑚礁慢慢累积成长而形成的，这里是成千上万种海洋生物的安居之所，也是全世界最大的活珊瑚群。难怪澳洲人要自豪地表示，大堡礁是世界八大奇观之一。

大堡礁水域

大堡礁从托雷斯海峡起，向南直到弗雷泽岛附近，沿澳大利亚东北海岸线绵延2000余千米。其北部排列呈链状，宽16～20千米；南部分布面宽达240千米。大堡礁水域共约有大小岛屿600多个，有的仅几米宽，有的则达到50平方千米。这些岛屿向大洋中伸展达300千米，共占据海域面积约25.9万平方千米，其中以绿岛、丹客岛、磁石岛、海伦岛、哈米顿岛、琳德曼岛、蜥蜴岛、芬瑟岛等较为有名。

大堡礁中的小岛礁

大堡礁的形成

大堡礁距今已有2500万年历史，色彩斑斓的珊瑚礁有红色的、粉色的、绿色的、紫色的、黄色的，其形态有鹿角形、灵芝形、荷叶形、海草形、扇形、半球形、鞭形、树形和花朵形等等，构成一幅千姿百态的独特世界。如此浩淼的建筑工程靠的只是极其纤柔的珊瑚虫。珊瑚虫是生活在热带海域的腔肠动物，珊瑚岛群便是由它们的尸体堆积而成的。珊瑚虫的种类不同，其生长速度因而各异。大堡礁有一种珊瑚虫，能使这里的珊瑚礁每年生长26厘米。

大堡礁水生动物

大堡礁水域各有特色的岛屿现已开辟为旅游区。在这里生活着大约1500种热带海洋生物，有海蜇、管虫、海绵、海胆、海葵、海龟（其中以绿毛龟最珍贵），以及蝴蝶鱼、天使鱼、鹦鹉鱼等各种热带观赏鱼。此外还有令人生畏的巨毒石鱼、巨型海蛇等水生动物。

游览大堡礁

到大堡礁游览，除了传统的海滨观光休闲节目之外，观景是最大的享受。且观景可以有海、陆、空三种方法。所谓"海"，就是在海中观景，人们可以乘坐透明船底的观光船游弋于海中，透过船底欣赏五彩缤纷、千姿百态的珊瑚和鱼群，也可以乘坐潜艇至海中和珊瑚同游，和鱼虾追逐；所谓"陆"，就是在珊瑚岛上，一边享受绮丽的热带风光，一边欣赏珊瑚岛的天堂美景；所谓"空"，就是乘坐直升飞机盘旋于空中俯瞰纯白的沙滩、湛蓝透明的大海、郁郁葱葱的树木，犹如观赏一个巨大美丽的热带鱼缸。在大堡礁旅游区，有一种浮在海面上的酒店旅游

风平浪静之时，游船上的人们可欣赏到水下联绵不断的多彩、多形的珊瑚美景。

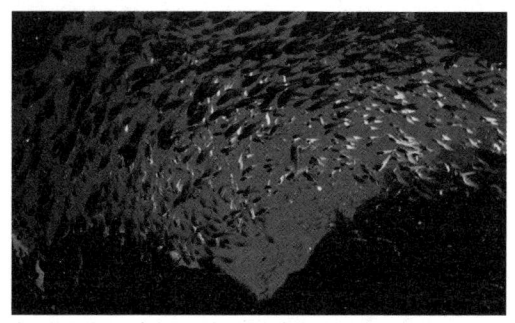

成群结队的鱼儿在大堡礁外侧捕食浮游生物。

船，深受游客喜爱。近年来，大堡礁的旅游形式又多了一项，即直接潜入水中饱览奇美景色。这种最直接的接触方式吸引着越来越多的人下海尝试。大堡礁沿岸小镇、各岛屿度假村，几乎都开设了潜水的短期培训。学成之后，游客们便可凭借导游所提供的面具、水下呼吸器等设备，体验在水中与鱼蟹共舞的滋味了。

保护大堡礁

澳大利亚政府非常重视对大堡礁的保护和管理。1979年澳大利亚政府成立了"大堡礁海洋中心管理处"，负责整个旅游区的规划、保护和管理。目前，大堡礁已被分成若干地带，以便进行不同方式和层次的管理和利用。大堡礁所在的海洋生态系统因珊瑚的生长条件十分苛刻而显得敏感脆弱，不仅每年几十万游客的观光对海洋公园有威胁，更严重的是大堡礁遭到了以珊瑚虫为食物的荆冠海星的威胁。荆冠海星繁殖力极强，肢体被切开还能继续生长，大的直径可达30厘米，身上带有荆刺，触臂12只到19只不等，上面长着许多黄色吸盘，吸附在珊瑚礁上，一次可吞食数亿只珊瑚虫。

大堡礁

所属洲 大洋洲
所属国 澳大利亚
地点 澳大利亚东海岸前艾略特女士岛和约克角之间
列入名录年份 1981年
自然遗产 由2900多处珊瑚礁和珊瑚岛构成，绵延2000多千米。
意义 生物最近8000年进化阶段的突出例证，也是世界上最大暗礁系统之一。
动植物志 大堡礁是炭黑湖燕子、褐色鲣鸟、风暴潜鸭和军舰鸟的孵化地，有4000多种海蜗牛和贝壳，有300余种珊瑚和1500多种鱼类，是座头鲸的"分娩站"，岛礁上的植物只有30～40种，大的岛礁浅滩上分布着红树林。

乌卢鲁国家公园
Uluru-Kata Tjuta National Park
—— 奇幻莫测的圣地 ——

乌卢鲁国家公园位于澳大利亚炎热的内陆沙漠地区，东距艾利斯泉城300多千米。这里奇特的岩石组合——艾尔斯山和奥尔加岩山闻名于世，在地质学家的眼里，它们代表了特殊的构造和侵蚀过程。这种罕见的构造组合与此地千百年来形成的神秘而神圣的土著文化，使乌卢鲁国家公园获得文化、自然双重遗产的称号。

乌卢鲁地区

澳大利亚的沙漠和近似沙漠的土地约占全国总面积的1/3，因此有人形容澳大利亚是"一块不为人类准备的土地"。乌卢鲁便处于这片广袤的沙海中心，是名副其实的"荒芜之地"。乌卢鲁国家公园就是这个沙漠平原上的公园，座座由沙土堆积成的矮丘犹如坟墓一般证明着生命存在的艰难。这里不见漫漫黄沙，到处是一片片血一样的红色沙波。红色意味着本地区经历了亿万年的高温干旱，地表氧化作用很强；这种红色就是氧化铁类物质覆盖地表的结果。

当地土著人贴切地将奥尔加岩山称为"多头山"。其上的沟槽是由几百万年来的雨水冲刷造成的，让人不禁赞叹大自然的鬼斧神工。

艾尔斯山

艾尔斯山也称"艾尔斯巨石"，因为它本身就是一块巨大而完整的红色砂岩。它构成乌卢鲁国家公园最壮观的景色，也是澳大利亚的象征之一，它所代表的是这个国家远古时期的历史。这块高达348米、底部周长9000米的世界最大的单体岩石从平原拔地而起，完全不同于周围的景观，傲视着澳洲中部广阔的沙地平原。巨石东部宽高，西部低狭，寸草不生。风雨不断侵蚀着这座巨石，其表面遍布的槽沟就是由于沿表面向下的水流以不同的速度侵蚀不同硬度的岩体而造成的。

公园内生活着澳大利亚特有的鸟类——鸸鹋。

圣石 巨石的根部有土著人用以绘画的岩洞，这表明土著人把巨石奉为神明，并赋予它许多美丽的传说。对于他们来讲，巨石永远是一个神圣的地方，它的每一部分都有一种特殊的含义。自1985年开始，艾尔斯巨石作为乌卢鲁国家公园的一部分归还给澳大利亚土著人看管。在辽阔平原和茫茫沙海中，耸立着这样一块既雄伟壮观，又带着神秘色彩的岩石，实在是非常少见的自然和文化景观。无怪它成为当地人顶礼膜拜的"圣石"。

旭日初升，艾尔斯巨石一片火红，大自然的造化令人瞠目。

公园内的奥尔加岩山

奥尔加岩山

艾尔斯巨石西部约20多千米处是奥尔加岩山，其盛名不在艾尔斯巨石之下。此岩山是由沉积岩构成的，由于组成岩石的物质比较软，又因为长期遭受风雨的侵蚀，岩石表面被磨蚀，最终形成了现在的圆屋脊形状。这座山由28块圆形大岩石组成，有的连在一起，有的个别独立，最高处约540米，从地面算起，比艾尔斯岩石高190多米。其岩面裂缝中有清水，各种野生植物和动物能在岩山上生存，因此奥尔加岩山看上去比艾尔斯巨石更具活力。据传，过去这里是土著人举行祭祀和舞蹈聚会之地。当地人认为，奥尔加岩山不仅仅是岩石，而且还是位"巨人"。

公园生态

公园内的植被主要是半沙漠植物，有小尤加利树，鬣刺属植物、金合欢属植物、沙栎、硬木树、伞层花桉等。乌卢鲁公园里也繁衍着许多澳大利亚特有的动物，如袋鼠、鸸鹋等。袋鼠属于哺乳动物中的袋鼠科，其种类不下四五十种。大袋鼠是其中最大的一种，身长1.5米，有的可达2米，尾巴又长又粗，约1.3米。它头小，耳大，前肢短，后肢长，跳跃力极强，每小时可跑60千米。鸸鹋的科学名称中含有"快走"之意，样子像阿拉伯沙漠中的大驼鸟，身高1米多，是世界上最大的陆地鸟之一。它头部和颈部羽毛丰满，不能飞翔，却会游泳，陆上行走快步如飞，时速可达70千米。澳大利亚国徽图案的组成就是左边一只大袋鼠，右边一只鸸鹋。此外，大约有80个土著居民住在国家公园内，他们以原始的狩猎方式，有节制地猎杀野兽和采集野果。

乌卢鲁国家公园

所属洲 大洋洲
所属国 澳大利亚
地点 东距艾利斯泉城300多千米
列入名录年份 1987年、1994年
自然遗产和文化遗产 自1958年辟为国家公园，艾尔斯巨石和许多小山组成的奥尔加岩山对于澳大利亚土著居民来说，有着特别重要的精神意义和文化意义，在乌卢鲁地区还有无数的岩画和"圣地"。
意义 国际上一个重要的干燥气候系统，艾尔斯巨石是世界上最大的单体岩石。
动植物志 禾本科植物如香茅、金合欢属三齿草以及孤独生长的山榄无花果和桉属植物等，有22种本地哺乳动物，如大袋鼠，还有150种鸟类和珍稀的爬行动物。

弗雷泽岛
Fraser Island
世界上最艳丽的沙岛

弗雷泽岛位于澳大利亚昆士兰州东南海面上,是世界最大的沙岛,形状就像一只长筒靴。弗雷泽岛原名"库雅利",意为"天堂",这里一直美得很超然,直到1836年。一场暴风雨让一群船员漂流到小岛上,并被当地土著抓获。几个月后,只有船长的妻子爱丽莎·弗雷泽侥幸逃跑。她开始绘声绘色地给人们讲述自己的冒险经历,结果那个世外桃源一样的小岛引得许多渔民、传教士和伐木者大举迁移,岛名也因此变为"弗雷泽"。后来弗雷泽的经历成为一部电影和几部小说的创作主题,弗雷泽岛从此闻名于世。

这样的淡水湖泊在弗雷泽岛上有40几个。

岛屿的形成

弗雷泽岛是数百万年前大陆南方的山脉受风雨剥蚀而开始形成的。细岩石屑被风刮到海洋中,又被洋流带向海面,慢慢沉积在海底。在地球地质变更的冰川期,海面下降,沉积的岩屑露出海面,被风吹成大沙丘。此后,海面回升,洋流带来更多的沙子,植物的种子被风和鸟雀带到岛上,并开始在湿润的沙丘上生长。植物死后形成了一层腐殖质,使较大的植物可以扎根生长,沙丘便被固定下来。现在,全岛均是金黄色的沙滩和沙丘,有些地方耸立着红色、黄色和棕色的砂石悬崖。

沙丘湖

岛上雨量异常充沛,年降水量可达1500毫米,在岛下已经形成一个巨大的淡水池,沙丘之间还有40多个清澈的淡水湖,这大大促进了沙丘植物的兴衰循环。喜欢潮湿的棕榈和千层树在湖区积水的地

一条沙带沿着弗雷泽岛的海湾边缘延伸。

弗雷泽岛

所属洲 大洋洲
所属国 澳大利亚
地点 澳大利亚东海岸，布里斯班以北
列入名录年份 1992年
自然遗产 世界上最大的沙岛，最高沙丘达240米；40多个淡水湖，其中有些湖的历史竟达30万年。
意义 泥沙淤积而成的沙岛成为最近70万年气候变化的记录，并拥有世界范围唯一一处沙丘上的热带原始森林。
动植物志 各种各样的植物，如南方贝壳杉、南洋杉、红树和各种桉树；240种鸟类，其中有鹦鹉科和澳大利亚苍鹰；哺乳动物有澳大利亚野马；爬行动物有弗雷泽岛的石龙子。

方生机蓬勃地生长；柏树、高大的桉树、成排的南洋杉以及非常珍贵的考里松也都适意地在此安家落户。这些沙丘湖受到茂盛植物的荫蔽越积越高，因此世界上高度可观的沙丘湖一半以上集中在弗雷泽岛。这些湖由于纯净度高、酸性强、营养含量低而鲜见鱼类和其他水生生物。但一些蛙类却非常适应这种环境，特别是一种被称为"酸蛙"的动物，它们能忍受湖中的酸性而悠闲自在地生活。

弗雷泽生态

岛上的小湖和溪流成为野生动物的饮水源，这些动物包括澳大利亚野马，它们是运木材的挽马和骑兵军马的后裔。在弗雷泽岛附近的海面上，还常常能看到巨大的座头鲸喷出的水柱，以及它们跃出海面的身形。一种很小的花蝙蝠算是土著动物，它们的体重只有大约15克。弗雷泽岛还是观鸟的天堂，这里的鸟类多达240种，其中包括绿色、黄色的雉鹦哥。这些鹦鹉科鸟类主要活动在靠近海岸的洼地和草原上，并以花蜜为食，是甜蜜而华丽的丛林精灵，它们为整个岛增添了艳丽的色彩。这里还为一些候鸟提供了最佳的栖息场所。大约5000年前，岛上就曾经有人居住，早期的欧洲探险者曾报告说岛上有很多土著人，但后经调查表明，这里的永久居民大约只有400～600人；而在冬季，由于海水中食物丰富的缘故，岛民会增加到2000～3000人。弗雷泽岛的环境很容易受到破坏。过度的流沙会侵蚀植被，吞没树林、灌木和花草。此外，游人使用的洗涤剂也污染了湖水，使藻类大量繁殖，对鸟类和两栖类动物的生存构成了威胁。

弗雷泽岛的东北海岸有一片风沙成脊的沙地，上面孤零零地长着一棵多瘤的板克西树。

汤加里罗国家公园
Tongariro National Park
——水火相融的奇秀山区——

汤加里罗国家公园位于新西兰北岛中央，建于1887年，是新西兰最早的国家公园。整个公园内，森林密布，高山雪景，溪水流淌，风光俊秀，有壮观的火山群及变化万端的生态环境。当地土著毛利人的文化更是其特色之一，中心地带的山脉对于他们来说具有宗教上的象征意义，标志着整个部落及其环境在精神上的联系。

火山风光

汤加里罗公园是新西兰最著名的火山公园，园内呈现一片"火山园林"风光。苍翠的天然森林环抱着重峦叠嶂的群山、绿草如茵的草原和绿波荡漾的火口湖。远眺沸泉，只见热气蒸腾，烟笼雾绕；走近时，可见沸流高喷，呼呼作响，水柱在灿烂的阳光下闪烁着奇光异彩，使人恍若置身于仙山琼阁。地上喷气孔密布，人们可以用几根木条架成"地热蒸笼"进行野餐，生马铃薯甚至牛羊肉都可以蒸熟。汤加里罗公园共有15座呈线状排列并向东北延伸的活火山，其中包括三个著名的活火山，即鲁阿佩胡、瑙鲁霍伊、汤加里罗火山，它们也是汤加里罗国家公园的核心。

鲁阿佩胡火山　鲁阿佩胡火山是北岛的最高点，海拔2797米，山顶终年白雪皑皑，是著名的滑雪胜地。在新西兰土著毛利语中，"鲁阿佩胡"是"喷火的火口"之意。鲁阿佩胡火山1945年的喷发持续了将近一年，喷出的火山灰和黑色气体最远飘到惠灵顿；而在1975年的一次喷发中，火山气体喷出高达1400米的气柱；火山在1995年9月和1996年6月也曾喷发过，而且至今仍喷着烟。

公园内积雪的山峰和山脚洁净的建筑和谐相依。

瑙鲁霍伊火山

三座火山中最壮观的是瑙鲁霍伊火山。此火山是十分典型的圆锥形火山，山坡陡峭，顶部是直径400米的火山口。瑙鲁霍伊火山烟雾腾腾，常年不息，只有在很少的晴天才能看到积雪的山腰和顶峰。据毛利人传说，火山活动是由恩加图鲁带到本岛来的。他从气候温暖的家乡波利尼西亚朝南旅行，老远就看到了这些白雪皑皑的山峰，于是带着女奴瑙鲁霍伊出发登山，并吩咐其余随从在他登山时斋戒。然而，他的随从未遵从他的吩咐而破了戒，神灵非常生气，在山上降下暴风雪，将他们变成冰柱。恩加图鲁知道后祈求神灵原谅。于是神灵送火到山顶，这些火种变成巨大的火柱从一座火山口喷出，救活了众人。为了感谢神灵，恩加图鲁把随身女奴的尸体扔进了火山口。为了怀念瑙鲁霍伊，人们就将这座火山以她的名字命名。

鲁阿佩胡火山顶有一个水温很高的硫磺湖。

汤加里罗火山

汤加里罗火山海拔1968米，峰顶宽广，包括一系列火山口。这里有许多间歇泉向空中喷射沸水，还有许多泥塘沸腾翻滚，向上冒泡。气泡爆裂声震耳欲聋，空中弥漫着浓烈刺鼻的硫磺味。此地原来归毛利族部落所有，毛利人视其为圣地。

公园生态

三座火山巍峨壮丽，山上景色千姿百态。潮湿的低坡林木参天，高坡上长着石南，再往上则零星生长着山毛榉和腊菊。汤加里罗国家公园地热资源丰富，沸泉、间歇泉、喷气孔、沸泥塘等遍地可见。这里的沸泥塘也是一大奇观，泥塘中黄色的泥浆不断地沸跳，就像熬稠的米粥。公园里有56种鸟类，其中的几维鸟是新西兰的国鸟，新西兰的国徽和硬币都用它作标记。几维鸟没有翅膀和尾巴，长着一个长嘴，长嘴除了觅食外，还可以在休息时用来支撑自己的身体。此外，在公园沼泽里还栖息着褐色、灰色的野鸭；森林中生活着成群的黑燕鸥、吵吵闹闹的鹦鹉等。此外，当地毛利人特殊的住房和生活习惯也吸引着不计其数的游客和科研人员前往。

> **汤加里罗国家公园**
> 所属洲 大洋洲
> 所属国 新西兰
> 地点 北岛的中部，惠灵顿的东北面
> 列入名录年份 1990年，1993年扩大
> 文化遗产和自然遗产 1887年在此创建了新西兰的第一个国家公园，在公园里沉睡着2万多年来从未爆发过的死火山以及活火山汤加里罗、瑙鲁霍伊和鲁阿佩胡。
> 意义 一个非常值得保护的生态系统，拥有活火山和死火山；于毛利人来说这是一个特殊的精神领地。
> 动植物态 蕴藏着大量石头紫杉物种，在海拔更高的位置上覆盖着欧洲山毛榉，此外还有桃金娘科植物；哺乳动物类有新西兰蝙蝠，56种鸟类，如几维鸟等。

瑙鲁霍伊火山覆盖着积雪；远处的鲁阿佩胡火山顶峰高耸云际。

北岛最大的滑雪场位于海拔2797米的鲁阿佩胡火山脚下。

峡湾国家公园
Fiordland National Park
——冰川雕刻的沟壑美景——

峡湾国家公园占地12120平方千米，是新西兰最大的国家公园。它位于新西兰南岛的西南角，濒临塔斯曼海，恰好坐落在太平洋板块和澳大利亚印度洋板块交界处的高山断层上。公园内呈现出一派被多次冰川作用雕磨而成的景观，是新西兰风景最为优美的地区之一。冰雪覆盖的山峦、壮观的峡湾和冰川、风景宜人的步道、壮阔的大瀑布、珍稀的动植物资源，无一不使国内外众多游人神往。

峡湾国家公园	
所属洲	大洋洲
所属国	新西兰
地点	新西兰南岛西南角
列入名录年份	1986年
自然遗产	占地1.2万平方千米的国家公园，包括马纳波里湖(伤心湖)、米佛海峡、米特峰、萨瑟兰瀑布等。
意义	世界最大的国家公园之一。
动植物志	25种稀有的或濒临绝迹的植物；海上哺乳动物如海狮、毛海豹、黄眼企鹅等；濒临绝种的鸟类扇尾鹟。

冰川运动的奇迹

公园内的峡湾海岸呈锯齿形，这是更新世时期冰川运动在此地留下的显明印记。其中14个峡湾均长达44千米，深达500米；公园南面的峡湾更长，入海口也更宽，其间有许多小岛。这里古代为高原，经风雨冰雪侵蚀，形成了高山峻岭、悬崖绝壁、河川湖泊。此地因海湾峡谷错综复杂的地貌而被誉为"高山园林和海滨峡地之胜"。

特阿瑙湖是新西兰第二大湖，湖周群山环拥，碧波明灭，岛屿隐现。

米佛峡湾附近有世界上最高的瀑布之一的萨瑟兰瀑布,其三级落差共为580米。

米佛峡湾

米佛峡湾是峡湾国家公园中最重要的景点,所有到此的游客都不会错过搭乘游船的活动。米佛峡湾的山壁被垂直冰蚀达1000米以上,不论是在船上仰望冰川造成的断崖,还是从空中俯瞰米特峰,都是终生难忘的体验。偌大的国家公园只有一条通往米佛峡湾的公路和湾内设置的游览船作为现代化的交通工具,此外,只能利用园中的健行步道。

米佛步道 公园内有许多步道,其中以"米佛步道"最为著名,号称是全世界最好的健行步道,这也是亲近峡湾国家公园的最佳方式。徒步期间,游人可亲身体验国家公园的自然之美:深邃的U形谷、冰川切割出的角峰,还有难得一见的原生森林以及丰富的鸟类等。

峡湾水色

峡湾国家公园是水创造的世界,除了过去冰川的深刻浅凿之外,湖泊、瀑布、河流、雨水、冰雹,都是塑造峡湾国家公园多变生态系统的主要力量。公园内最著名的水景还要算南岛上最深的马纳波里湖和最大的特阿瑙湖。

马纳波里湖 马纳波里湖,毛利语意为"伤心湖",最深处达443米。三个狭长的湖湾伸向南、北、西方向,形如驰骋的马匹。湖内有许多小岛,较大的岛屿约有30个。湖周围群山环拥,碧波闪闪,岛屿隐现,被誉为"新西兰最美的湖"。

特阿瑙湖 特阿瑙湖有上千个寻幽探秘之处,是狩猎胜地。1948年在湖滨发现一个岩洞,洞内水声轰鸣,回荡不绝,原来洞内有地下河和两个瀑布。洞内石笋丛生,石幔挂壁,钟乳吊顶,景色迷人。一般的岩洞幽深黑暗,令人害怕,但这里的洞别有奇景:从洞外向里望,即使先前没有安装照明灯具,洞内也依然明光熠熠,蓝光闪烁,一石一景清晰可辨。然而,当你进入洞内,偶尔发出脚步声或其他声音时,会像突然触动了什么开关一般,顷刻之间,亮光消失,一切全都归于黑暗。静静地等待一些时候,漆黑的洞顶又会渐渐明亮起来。这种奇异有趣的发光现象源于洞内一种特殊的蝇类幼虫。虫以洞为家,并在洞顶上、石缝中结网发光,坐待那些趋光性的小虫自投罗网。然而这种虫本身又是许多鸟类的捕食对象,因此为了自身的安全,它们对声音特别敏感,一有动静,便立即熄"灯"隐匿,直至感到威胁已去,才重新发出光来。这种奇观使特阿瑙湖更加迷人。

米佛峡湾的米特峰是新西兰最著名的陆标。

图书在版编目（CIP）数据

世界文化与自然遗产/龚勋主编．—汕头：汕头大学出版社，2012.1（2021.6重印）
ISBN 978-7-5658-0569-1

Ⅰ．①世… Ⅱ．①龚… Ⅲ．①名胜古迹-世界-青年读物②名胜古迹-世界-少年读物③自然保护区-世界-青年读物④自然保护区-世界-少年读物 Ⅳ．①K917-49②S759.991-49

中国版本图书馆CIP数据核字（2012）第009194号

世界文化与自然遗产
SHIJIE WENHUA YU ZIRAN YICHAN

总策划	邢涛	印刷	唐山楠萍印务有限公司
主编	龚勋	开本	705mm×960mm 1/16
责任编辑	胡开祥	印张	10
责任技编	黄东生	字数	150千字
出版发行	汕头大学出版社	版次	2012年1月第1版
	广东省汕头市大学路243号	印次	2021年6月第7次印刷
	汕头大学校园内	定价	34.00元
邮政编码	515063	书号	ISBN 978-7-5658-0569-1
电话	0754-82904613		

● 版权所有，翻版必究　如发现印装质量问题，请与承印厂联系退换